# メイド喫茶元オーナーが書いた
# 女の子の取扱い説明書

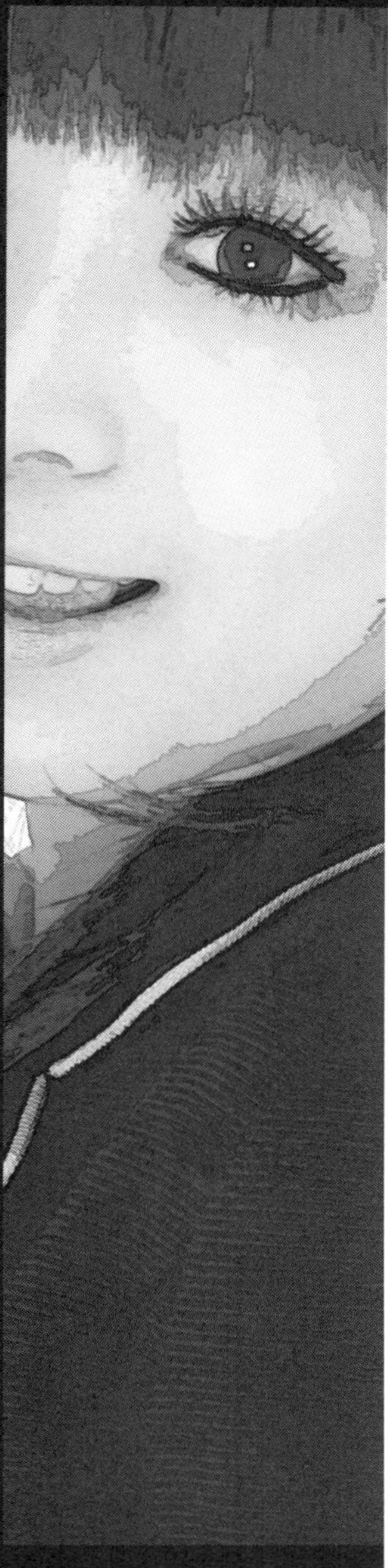

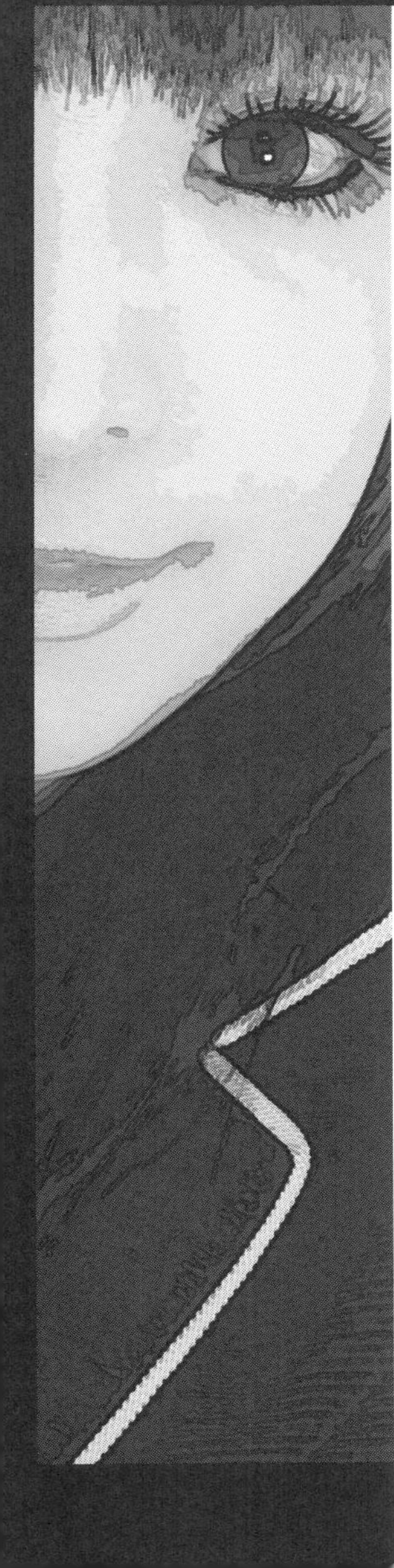

# はじめに

## ■はじめに

ヒロNは、2005年から2008年にかけて、約3年間、「おぎメイド」というメイド喫茶を経営していました。その間に在籍したメイドさんは、延べで約40名。最大時では25名のメイドさんと店をやっていました。年齢は、平均すると20歳くらいの年頃の女の子たちでした。

特に風采の上がらない中年のおじさんが、そんなに多くの若い女の子たちと接することになるなんて、めったにあることではありません。他の職業では、女子校の先生くらいのものではないでしょうか。

また、メイド喫茶の経営をしていると、若い男性を中心に、実にさまざまなお客様とも知り合いになることになります。総じて、皆いい人たちで、好青年ばかりでした。ところが、彼らは、ほとんど彼女がいない人ばかり、どころか、ガールフレンドと言えるような女性の知り合いもいないという人が実に多かったのです。中年の私からみて、皆いい青年なのに、なぜ?という疑問がいつもありました。

観察してみると、総じて皆、女の子との接し方が実に下手で、見ていられない感じでした。皆、女の子のことをわかっていないし、教えてくれる人もいなかったのでしょう。真面目に仕事して、真面目に勉強して、世の中に対して、変に偏ったところもないし、ユーモアもあるし、趣味も豊かに持っているし（ちょっとシャイな傾向がありましたが）とてもいい人たちばかりなのに、一点、女の子にモテないのです。

その人たちと接しているうちに、これは、ちょっとした、女の子に対する知識やノウハウが欠けているだけなのではないか、と思い至るようになりました。思うに、今は、先輩、後輩とか、兄貴分とか、そういう人間関係が希薄になってしまい、誰もこういうことを教えてあげていないのではないでしょうか？今まで、お店に来ていただいた人たちへの恩返しの意味もこめて、わたくしヒロNが、お役に立つことなら、教えてあげられることなら、教えてあげようという気持ちになり、この取扱い説明書を書いた次第です。

彼女がいない人。これを参考にして、可愛い彼女をゲットしてほしいと思います。頑張りましょうね。

# 女の子の取扱い説明書　その1

## 女の子をひとくくりにしてしまうことが、そもそもの間違い。

女の子の取扱い説明書と言っておいて、それはないだろう、というお話です。わかってはいますが、最初に言いたいのは、そもそも、この時点で勘違いしてしまっている男子が、結構多いという点です。

女の子は、女の子という存在である前に、一人の人間であるということを男子は忘れがちなのです。男子にいろいろな人間がいるように、女の子だってうぶな子もいれば、すれた子もいます。エッチな子もいれば、おくての子もいます。頭のいい子もいれば、賢くない子もいます。性格のいい子、悪い子、自分に自信を持っている子、自信のない子、素直な子、ひねくれた子、ひょうきんな子、真面目な子、几帳面な子、ずぼらな子、誰一人同じ子はいないのです。

ところが、多くの男子はここのところを勘違いして、女の子を妙に特別視して、美化したり、逆にさげすんだり、十把ヒトカラゲに考えがちです。

これは女の子側からしてみれば、実に失礼な話です。一人の人間、一個のかけがえのない人格として、女の子を見てあげることが、女の子と心を通じる第一歩です。だから、女の子全てに通じる取扱い説明書などは、そもそも書ける訳がないのです。

女の子に限らず、人と付き合うということは、そういうことなのではないでしょうか。

それでも、数多くの女の子を見てきて、多くの女の子に当てはまる傾向のようなもの、行動原理とでも言いましょうか、そのようなものが、ヒロNなりに見えて来たので、それをこれから紹介していきたいと思います。

# 女の子の取扱い説明書　その2

## 女の子は外見で好きになる。　男子の君がそうであるように

外見に自信のない人は、そのひとことで、絶望的な気分になってしまうかもしれませんが、女の子は、まず、外見にほれます、外見が好みに合わないと、まずなびいてはくれません。これは基本的な原理です。

でもよく考えてみてください。あなただって、女の子を好きになる要素の大半は外見ではありませんか？　可愛い顔立ちをしているから、脚がきれいだから、スタイルがいいから、とか。男子だって女の子を好きになる要素は外見なのです。だったら逆に女の子だって、男子の外見に惹かれてもおかしくはないでしょう。

観察しているとわかりますが、女の子のほうが、外見に関する関心は圧倒的に高いのです。それは、男子以上に、女の子は、生まれた時から、可愛いか可愛くないか、という価値観にさらされているからではないでしょうか？あなたにも経験があるでしょう、卒業アルバムをみて、集合写真の中で、この子は可愛い、この子はいまいちなどと盛り上ったことが。

本来、実力、成績で評価されるべきスポーツの世界などでも、女子の選手は外見の可愛らしさ、美しさをネタにされることが多いですよね。かくも、女の子は、可愛い、可愛くない、という世界の中で育っているのです。女の子は男子の何倍も何倍も外見を気にします。自分も外見で評価されていると思っているし、男子も外見で評価します。

あなたがいくら理不尽だああ、とか、男は外見じゃないよ。とか口を尖らせてみても、これは、どうしようもない事実なのです。

「女の子は外見でほれる」

潔く認めたほうがいいと思います。外見に自信のない人は一刻も早く、外見を磨く努力をはじめた方が賢明だと思います。スタイルの悪い人はスタイルをよくするためにダイエットしたり、身体を鍛えたり、少しでも見た目がよくなるように努力をしましょう。服の着こなし、髪型、靴、持ち物、外見を向上させる要素は、いろいろとあります。生まれつき、どうしても顔に自信がない人は整形を受けるくらいの覚悟を決めましょう。

実のところ、女の子は、男子の何倍も、外見をよく見せようと努力をしているのです。それは、男子が女の子を外見で判断することを身に沁みて知っているからです。女の子にモテたいのなら、女の子の真剣さを少しは見習いましょう。そうすることによって、少しは女の子の気持ちが理解できる、という効果も出てきます。まず外見でなびいてもらう。中身のよさをアピールするのは、それから後の話です。

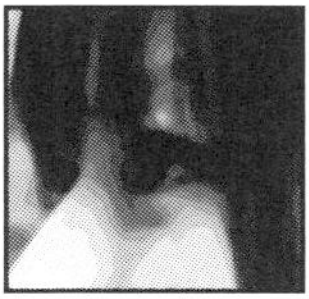

# 女の子の取扱い説明書　その3

## 女の子は男子の何倍もモテたがっている

たいていの女の子は、一生懸命おしゃれをします。化粧品、美容院、エステ、洋服、とにかくお金も時間も惜しみなく注ぎこみます。なぜでしょうか？　それは、男性にモテたいからです。女の子の「モテたいという願望」は男子の何倍もの真剣さを伴なっています。ものすごく真剣なのです。思うに、女の子の可愛らしさは、実は、その努力によるところが大きいのです。

メイド喫茶に応募してきた子を面接してみて、ちょっと「？」な子でも、いざ採用してみると、その子は、一生懸命おしゃれをし、自分磨きをし、何倍もレベルアップして、店にやってきます。そして、お客様に接しているうちに、ますます可愛らしくなっていきます。ひと月も経つと、別人のように見違えてしまいます。お客様（特に男性）の目が、女の子を奮い立たせ、女の子をますます魅力的に輝かせるのです。立ち居振舞い一つ、仕草一つ一つが可愛らしくなってきます。聞くと、稼いだバイト料の大半を、自分磨き、自分オシャレに注ぎこんでいる子がほとんどでした。店を経営する身としては、実にありがたい話です。これが男子なら、バイト料が居酒屋やパチンコ屋に消えてしまうところですが、女の子の場合は、店の魅力アップに還元されるのです。

なぜ、女の子は、それほどまでに男子にモテることに真剣なのでしょうか？それは、多分、生き物としての本能から来ているものなのでしょう。当たり前のことですが、子供を産み、子孫を残していけるのは女性だけです。女性は、つまり、子孫を遺していく使命を生まれた時から課せられているのです。遺すのなら、なるべく多くの男性にモテてその中から、好きな相手を選びたいのです。だから候補は多ければ多いほど都合がいい、モテればモテるだけ都合がいい訳です。まあ、男性だって同じことが言えるかもしれません。なるべく素敵な女性と結ばれて、自分の遺伝子を残したい、という本能は一緒でしょう。ただし、種付けをするだけの男性に較べて、自分の身を痛め、子育てに自分の人生を犠牲にする女性の方が、何倍も真剣になるのは当然のことだと思います。覚悟のレベルが違うのです。

生まれつき外見に恵まれていなくて、モテない女性の心の傷は想像を絶するほど深いものだと思います。思うというのは、ヒロN自身が男性なので、その辛さが想像つかないからです。

あまりに女性のモテたい願望は真剣なので、女の子は、自分からモテたい、と素直にアピールすることがあまりありません。マジ過ぎるからです。マジ過ぎてシャレにならないからです。男子のあなただって、ひとりの女性をメチャメチャ好きになって、超マジな場合、なかなか告白できないのではないですか？もし告白して断られたら、と考えると、その時のショックにおびえてしまって、簡単に告白など出来ない筈です。それは、女の子も同じです。いや、それ以上でしょう。女の子の場合は、男子の何倍もマジですから、おいそれと、自分から告白することが出来ないのです。だから、女の子は、気のない素振りをしたり、嘘をついたりして、自分の気持ちを、なかなか素直に表現しないで、男子の方から告白させようとします。

だから、女って面倒くさい、とか、女はずるい！とか思う人は、まだ修行が足りません。

女の子が一生懸命オシャレをしたり、自分磨きをする態度を察してあげれば、彼女たちが、いかにモテたいと思っているか、カッコよく言えば、愛を求めているかがわかります。そんな女の子の気持ちを察してあげること、可愛いいと思うことが、より魅力的な男子になる第一歩だと思ってください。

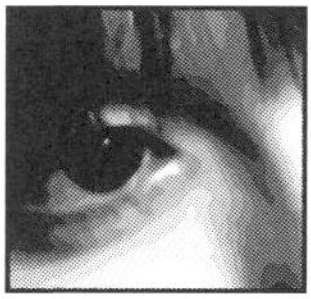

# 女の子の取扱い説明書　その4

## 女の子は絶対平和主義

店にさしいれなどをいただくと、女の子たちは、皆でそれを分け合って食べます。それどころか、自分の買ってきたお菓子までも分け合って食べています。絶対に自分だけ食べるようなことはしません。「分け合って食べる」＝「なかよしでいる」というのが、彼女たちの絶対的価値観だからです。「仲が悪い」「いさかいがある」「嫌われている」ということに女の子たちはすごく敏感で、ものすごくストレスを感じるのです。「仲が悪い」「いさかいがある」「嫌われている」という世界では、女の子たちは生きてはいけません。「アルバイト料がいくら高くても」「待遇がいくらよくても」なかよしになれない職場やグループでは、女の子は、すぐに辞めてしまいます。お金よりもなによりも、なかよしでいる、ということに、絶対的な価値観があるからです。

男子からみると、ちょっと理解しがたい面があります。男子は、女の子と違って、基本は、競争原理が価値観であるからです。他の男子より、ケンカが強いとか、スポーツができるとか、勉強ができるとか、男子は、小さい頃から競争に勝つことを求められます。そのために、家で腕立て伏せをしてみたりします。ゲームだってなんだって、勝ち負けにこだわるのは、どちらかというと男子の方です。なかよしでいるよりは、競争に勝つことの方が優先されます。そのために自分を鍛えようとします。自分を鍛えて、競争に勝ち、社会に貢献し認められることが、男子の存在意義だからです。（ヒロNは必ずしもそうは思いませんが、社会的には、そのようなことになっていると思います。）

その点、女の子の根源的な存在意義は、子供を産み、育てることです。（昔、どこかの国の大臣が産む機械とか言って怒られていましたが）それには平和で安定した環境が必要です。人と競争ばかりするような不安定な環境は不都合だし、不快なのです。女の子は、同じ価値観を持つ人々に囲まれて、平和に暮らしたいのです。

女の子は、実によくお喋りをします。内容を聞いていると、結論の出ないような、他愛のない内容に話ばかりです。男子は、会話を、自分を高め、鍛えるための手段、と無意識に考えているので、情報の量や情報の価値にこだわります。自分の意見が通ったか通らなかったかという結論にこだわります。だから、女の子がするような結論が出ないような会話は無駄と考えてしまいます。それでは、なぜ、女の子たちは、際限なくお喋りを続けるのでしょうか？

それはお喋りをする相手と会話を通じて共感しあうことによって「なかよし」を実感できるからです。女の子は、「なかよし」であること、それ自体が快感なのです。女の子たちの会話をよく聞いてみると「そうそう」「そうだよね」とかいう同意の言葉が実に頻繁に出てきます。「私はあなたと同じ価値観を持っています。私はあなたの仲間です」と一生懸命アピールしあっているのです。男の感覚からいうと、しらじらしいくらいに、うなづきあったりしていいます。実際は共感しあっていないのに（なかよくもないのに）共感しあうふりをしあったりします。お互いに腹の中では「この人とは合わないなあ」と思いながらも、共感し合う演技をやめません。「なかよしであること」「人に好かれる人間であること」が女の子の絶対的な価値観だからです。

だから、女の子と会話をする時に、その子の言うことが間違っているなあ、と思っても「それは違うよ！」などと否定の言葉は使わない方が賢明です。極論すると、女の子は、会話の内容などは、どうでもいい、と思っているのです。正しくても正しくなくても、どうでもいいのです。

だから、女の子と議論をして、理屈で言い負かしてもなんにもいいことはありません。このヒトとは共感できない、と敬遠されるのがオチなのです。

この女の子の「絶対平和主義」を理解し、尊重してあげることが、女の子とのコミュニケーションの重要ポイントです。

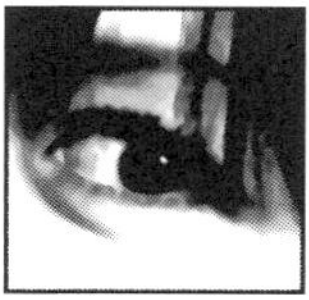

# 女の子の取扱い説明書　その5

イイヒトでいいじゃないですか。イイヒトから始めよう

「イイヒトにはなりたくない！」よくモテない男が使うセリフです。

「イイヒト、イイヒト、どうでもイイヒト。」一見、女の子となかよしに見えても、恋愛の対象にはならない人という意味です。ある意味、男子にとっては、屈辱的な関係だとも言えます。

目の前に求愛したい女の子がいるのに、相手にはその気がない。まさに蛇の生殺し状態で辛い。そんな関係なら、いっそのこと、ない方がマシだあ！つい、そんな風に考えてしまいがちです。

あえて言ってしまいましょう。そんな風に考えるのは、女の子に最もモテない人の習性です。

よく考えてみてください。あなたがもし、普段から女の子に縁がなくて、女の子とろくに口をきいたこともない毎日を送っているのに、いきなり女の子と恋愛なんてすることができると思いますか？　運転免許もないのに、いきなりF１に乗るようなもの、野球選手だって、始めはリトルリーグから始めるでしょう。

あなたの周りのモテる男子を観察すればわかります。モテる男子というのは、いつもいつも恋愛関係にある彼女とばかりつき合っている訳ではありません。恋愛関係ではない、友達づき合い程度のガールフレンドが何人かいるものなのです。普段から、いろいろな女の子とお茶を呑んだり、ご飯を食べたり、お喋りをしたりしています。そして、女の子は、どんなことに喜び、どんなことを嫌がり、どんな考えをもっているのかを経験的に学んでいるものなのです。

イイヒトでいいじゃないですか。イイヒトから始めましょう。前段でも書いたとおり、女の子の大半は「絶対平和主義」です。まあ、女の子同士の場合と対男子では、多少ニュアンスは違いますが、女の子は、基本、なかよし大好きなのです。一緒にお菓子を食べたり、話を聞いてあげることが大切です。お菓子といえば、うちのお客様で、女の子によくお菓子を買ってきてくださったりする方がいらっしゃったりしたのですが、その際、「僕は甘いものが苦手だから」とか言って、自分は食べない人がいるのですが、これは、お菓子代の無駄というか、実に、もったいない話です。お菓子は一緒に食べて、一緒においしいねえ、とか言って、はじめて、女の子はうれしいのです。

さらに前にも書いたように、女の子に対しては、外見・容姿も大事な要素です。でも、世の男子全員がジャニーズみたいな外見である訳ではありません。いきなり、女の子をなびかせようと思っても無理があるのです。いきなりホームランを狙うのではなく出塁することから始めましょう。

まず、女の子にとって、イイヒトになりましょう。そうして、女の子の輪の中に入って行きましょう。道はそこから拓けます。

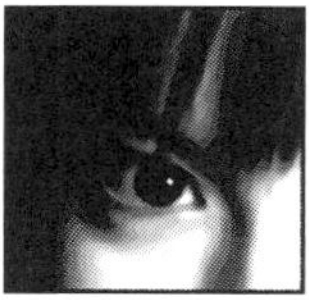

# コラム
## 外見がいいってなんだろう

古代ギリシャでは、女性より男性の方が「容姿が美しい」とされていたそうです。ギリシャでは一般的に男性の方が、体格がよく、筋肉が発達しているので格好がよい、と。

現代の日本とは逆ですね。ヒロN個人の感覚では、男の身体が美しいなんて、ホモっぽい感じがして違和感を覚えてしまいます。

ミクロネシア諸島のある国では、女性は、太っていればいるほど美しいとされているそうです。中国の少数民族の中には、首が長いほど美人という民族があって、女性は、成長期からクビに輪っかをはめられて育てられるそうです。

かくも美醜の感覚というのは、社会によって変わってしまいます。日本だって、江戸時代には「ハト胸出っちり」といって、今で言うナイスバディは美しくない、とされていました。ヒロNは、最初に「女の子は外見でほれる」と書きましたが、人の美醜の判断基準は、本当は、実にいい加減なものです。その判断基準は、大きく言って2つになると思います。それは、冒頭で述べたような世間一般のものさしと、その人個人のパーソナルな感覚のものさしです。

世間一般のものさしというのは、その時の社会の多数意見です。人気タレントとか俳優などから、その傾向を知ることができます。キムタク、小栗旬、小池徹平、もこみち、モテ男代表はいろいろいますね。彼らの特長やアピールポイントが世の中の多数の女性に受ける要素だと推測できる訳です。そう言えば、昔、サッカーのベッカムが騒がれた時には、キューピー頭の男子が街中にあふれましたっけ。東洋人の男子が、イギリス人のベッカムのようになれる訳はないのですが、せめて髪型だけは似せようという「いじらしい」努力です。

世の中の美醜の基準は、割りとコロッコロと変わります。だから、あまりそう言ったことに躍らされるのもどうかとヒロN的には思いますけど。

さて、もう一つのものさし、その人個人のパーソナルな感覚についてですが、これは、千差万別で捉えようがありません。たまに、街中などで、どうして?と叫びたくなるような不釣合いな外見のカップルを見かけたりすることがあります。超美人とブ男、その逆もあります。これなどは世間一般のものさしと、その人個人のものさしが大きくズレている場合でしょう。そのブ男が、その美人にとっては「外見のいい男」なのでしょう。

そんなことがあるから、ひと言で外見を磨けといっても単純な話ではないし、その時の流行を追いかけていけばいいか、というと一概にはそう言えない訳です。

だから、もし仮に、自分の外見が、けっして世間でいう「いい男」の部類でなくても、そう悲観することはないと思います。思うにこれは、確率の問題なのかもしれません。

ある調査によると、適齢期の女性が好きな男の体型は、約6割が中肉中背・筋肉質タイプ。4割弱がヤセ型。肥満体型を選んだ女性は2％に過ぎなかったそうです。もし自分が肥満体型だとしたら、これはかなり不利な状況です。確率からいって、自分の体型を気に入ってくれる女性に巡り合うためには、五十人もの女性と知り合いにならなければならないということになります。そうして、やっと巡り合えても、その女性が、自分の好みに合う女性とは限りません。その点、人気の高い中肉中背タイプの男子なら、確率的に、出会う女性の約2人に1人が体型的にはＯＫということになります。やっぱり、彼女を作りたいのなら、ダイエットに励むのが有効、ということになるかもしれません。

顔の好みとなると、これは千差万別ですが、やはり、整った顔立ちの方が有利だと思います。整形しろとまでは言わないまでも、歯並びくらいは矯正しておいた方がいいかもしれませんね。

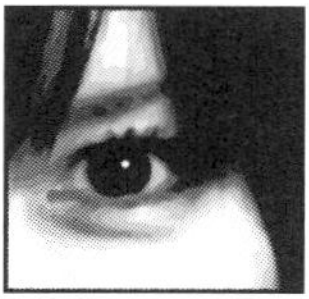

# 女の子の取扱い説明書　その6

ベタでわかりやすいキャラになること

店のスタッフ募集に応募してきた女の子に、その理由を聞くと、大半の女の子が「メイド服を着たかったから」と答えました。待遇は二の次、とにかくメイド服が着たいから。お店をはじめた当時、メイド喫茶は旬でした。マスコミにも取り上げられ、なんかトレンドの最先端という感じ。女の子は、そういうことに非常に敏感なんだな、と感心した覚えがあります。

女の子というのは、時代のニーズというものに実に敏感です。女の子を観察していると、その辺の世の中の動きが実によく見えてきて面白い。

そして、もう一つ言えることは、女の子は、世の中のトレンド（そして、男子の好み）に合わせようと常に意識し、変身し続けている、ということです。いい例が、女子中高生の超ミニ姿です。それから、若いOLさんが、皆えびちゃんみたいになってしまったこともありましたっけ。とにかく、これが流行っている（男子の好みである）というトレンドを掴まえて、女の子は、実によくバケます。

メイド喫茶にやってくる女の子には、腐女子が多いからかもしれませんが、皆、アニメの登場キャラみたいな自己演出にいそしんでいました。はるひが流行ると

「元気少女」が増え、リナリー、地獄少女、なな、かんなぎ、なんだかんだ、ヒロNの乏しい知識でも、あああいつだ！と思われるキャラクターにそれぞれバケていましたっけ。

女の子は、男子以上に外見に中身が左右される傾向が強いんじゃないか、と思います。

男だって、スーツを着れば、まじめな気分になり、皮ジャンを着ればワイルドな気分になるでしょう。女の子の場合は、その傾向が何倍も強い感じがします。ウチの子でも、やって来た時は、完全にギャルだったのに、メイド服に着替えた途端に、完全に中身もメイドに変身してしまいます。女の子にとって、身支度、メイクと言うものは、単に外見を整えるという行為ではなく、ある意味、自分のキャラクターを創造していく神聖な時間なのではないでしょうか？

女の子にとって、外見というのは、男子が考える以上に、大きな意味を持っているのです。それは、女の子が、男子を見る際にも、当てはまります。女の子は男子の中身を外見で判断するのです。

単にイケメン好きとか、そういう意味ではありません。女の子にとって、とっつき易い男子というのは、キャラと外見が一致している男子なのです。ある意味、女の子の男子の見方は、とても浅いのです。

よく見かける「モテない男」のパターンは、この女の子の習性を無視している場合です。

男子の中では人気がある、いいヤツ、面白いヤツでも、女の子に全然モテない、女の子が近づいてこない男子がいるものです。そういう男子は、外見とキャラがぶれていることが多い。

女の子たちは、自分が「元気少女」であるべきだ、と考えると、可愛いミニやキュロットを履き、髪型もツインテールにするなど、まず、外見から入ってきます。外見に引っ張られるように「元気少女」として、振舞いはじめます。言葉づかいも仕草も変わってしまいます。外見と中身が自然と一致していくのです。女の子にとってそれはごく自然な、当たり前のことなのです。だから、外見と中身が一致しない、わかりにくいキャラの男子に対しては、女の子は、どう位置付けていいのか？

どう接していいのかわからなくなり、混乱してしまいます。結局、得体の知れない人、キモい人として、遠ざけられることになってしまいます。

あなたがもし、スポーツ大好きなマッチョ男なら、外見もジャージを着て、髪も短めで、しゃべり方も「自分は」とか言って、「単純バカ」っぽく振舞わないと、女の子は戸惑って離れていってしまいます。ガリガリ君で、華奢な体格なのに、格闘技好きで、男っぽさをアピールしても、女の子には受けません。ガリガリ君は、ガリガリ君らしく、優しい口調で、手芸が好き。みたいな設定だと女の子にとっては安心できるでしょう。バカみたいかもしれませんが、本当の話です。外見と中身はわかりやすく一致していないといけません。

極端な例を挙げると、ヤンキーです。ヤンキーは、まず外見から入ります。ヤンキーがヤンキーであるためには、派手なジャージを着て、オールバックの髪型をして、女物のサンダルを履き、貧乏ゆすりをして、「おめえよう」とか言わなければなりません。そういうヤンキーなら、そういう志向を持つ女の子が、安心して近づいてきます。ヤンキーだからってモテるとは限りませんが、とにかくキャラの方向性がぶれていなければ、それに惹かれてくる女の子が出てくるものなのです。だから、ヤンキーには、それっぽい女の子が、彼女になっているでしょう。

もちろん、ヤンキーは一例に過ぎません。ヲタクなら、ヲタクらしく、スタジャンを着て、ショルダーバッグと紙袋を下げ、女の子の前ではおどおどとした態度をしていなければなりません。昔はヲタクはモテない人種の代表みたいに言われていた時代がありましたが、「電車男」などを期に女の子たちの注目が一気に高まったことがありました。ヒロNのところにも、ヲタクさんと会ってみたい、話をしてみたいという女の子が何人も出てきたことがありました。ヲタクだって、モテるチャンスは、かなり転がっているのです。

冗談のような話ですが、外見と中身がベタにわかり易いほど、安心して近づいてくる女の子が出てくるものなのです。一番最悪なのは、外見と中身がとっちらかっていることです。バカバカしいと思う人もいるかもしれませんが、本当の話です。柳沢慎吾そっくりなのに真面目で暗い。太っているのに神経質で細かい。やせっぽちなのに態度がでかい。小男なのにのんびり屋。本当は、そんな意外性がある方が面白いのに、女の子はそうは思いません。訳のわからないやつということで敬遠してしまいます。

モテない男子ほど「本当の自分をわかってくれ」とばかりにあせって、外見とは違う、自分のカッコイイ面、深い部分をアピールしたがりますが、これは逆効果です。女の子とのとっかかりの段階では、ベタなわかり易いキャラクターに徹する方がうまくいきます。「スポーツマンなのに哲学に詳しい」「ヤンキーなのに読書家」「ヲタクなのにスポーツが得意」「おぼっちゃまなのに庶民的」というような意外性は、ある程度仲良くなってから。女の子の中のあなたのポジションが定まってから、披露した方が効果的です。

本当の自分は、後から見せるのです。

# 女の子の取扱い説明書　その7

## 女の子との会話は、　女の子に喋らせることがポイント

「いい人になろうというのはわかりました。」「女の子の輪の中に入ろうというのもわかりました」「でも、ヒロNさんはそう言うけど、僕は男子校だったし、女の子と、どういう会話をしていいのかわかりません。」「初対面の女の子にどうして話し掛けていいのかわかりません」メイド喫茶で、お客さんに真剣な顔で投げかけられた質問です。わかりますよ。慣れていないと女の子とのファーストコンタクトはすごく緊張するものです。中高年になったヒロNでも未だに戸惑うこともあります。こちらが緊張すると、相手にもそれが伝わって、両方で緊張してしまって、何か喋ろうとしても頭が真っ白になって何も思い浮かばない、時間だけが、やけにゆっくりと流れたりして。その気まずさは結構ジゴクですよね。緊張するなといっても緊張するものは緊張する訳でどうしようもありません。

そこで、そんな男子のために、ヒロNがマニュアル的に女の子との会話術を少々伝授して差し上げましょう。

これを頭にいれておけば、少しはどぎまぎしないで済むかもしれません。

まず、相手の顔を見ながら、ちょっと微笑みます。堅い表情は当然NGですが、あまりニタニタするのもいけない。あくまで、ちょっと微笑む。

そして軽く挨拶します。「やあ」でも「こんにちは」でも「おはよう」でもよろしい。ありきたりの短い挨拶でいいのです。

それから「元気?」と言います。(君のことにちょっと興味があるよというサイン)

相手が「うん」とか「はい」とか答えたら次に進みます。「元気がないの」とか「ちょっとね」とか答えたら「ええ?どうして?」と返します。女の子は、それに対して答え始めます。これで会話が動き始めます。

「うん」とか「はい」とか答えたら、次に、彼女の身につけているものをほめます。本当はほめる事柄はなんでもいいんだけど、彼女自身のことではなくて、身につけているものをほめるのがベスト。なぜかというと、顔が可愛いとか、肌がきれいとか、彼女自身のことをほめると、逆にそこにコンプレックスを抱いていることがあったり、内心で、自信を持っている場合でも、身体そのもののことは、もって生まれた要素が大きいので、本人は、別にうれしくない場合があるからです。

それより、身につけるものは、本人が工夫したり、苦労して探し回って、獲得したものだったりするので、そこを見てくれると、自分の努力が認められた気がして、うれしいものなのです。男子がおかしがちな過ちはこの点なので注意です。

よく聞く話ですが、女の子が、髪型をいじった時に、うっかりそれを見逃すと、女の子は激怒します。男子からしてみれば、髪型よりも女の子の中身の方に関心がある訳だから、髪型なんて、どうでもいいじゃないかと、軽く考えがちですが、それは大きな間違いです。

ここは肝心な部分なので、ちょっと脇道にそれますが、少し詳しくお話しましょう。

例えば、脚のきれいな女の子をほめる場合、「脚がきれいだね。」と言っても、その子には、あまり受けない場合が多いのです。そういう子は、言われ慣れていることも多いし、脚がきれいなのは、もともと生まれつきなので、自分を評価してくれているとは思わないのです。それよりも「ソックスが似合っているね。」と言うほうが、女の子にとっては、自分の自慢の脚をよりよく見せようとした努力を認めてくれているので、非常にうれしいのです。わかりますか？この女の子の気持ち。そこを評価してあげると、女の子は、この人とは共感できる。と感じるのです。

女の子は、会話に「共感」を求めているので、基本は、ほめられることが大好きです。男子の感覚では、無意味なこと、白々しく思えることでも、ほめ合い続けます。

この際、会話の中身はどうでもいいのです。共感しあうことが重要なのです。ここにヒントがあります。

よく男子諸君の悩みでは「女の子とどんな話題で会話したらいいのかわからない。」「共通の話題がありません。」というのがあります。女の子の扱いに慣れている男子ならともかく、ファーストコンタクトにも戸惑う初心者が、うまく話題を見つけることなんて、ハナから出来る訳はないんです。こちらから話題を提供しようとするからあせるし、思いつかないのです。話題は相手から引き出せばいいのです。会話は、基本男子は受身でいいのです。女の子の話を真剣に、興味深く聞いてあげればいいのです。もちろん、共通の話題があるのならベストです。しかし、男子と女の子では、全く興味の領域が違うことが多いので、共通の話題を探そうとあせっているうち、どんどん気まずくなってしまいます。

さて、会話のシミュレーションに戻りましょう。

あなたは、まず、女の子の身につけているものをほめます。例えば「そのリボン似合ってるね」。女の子は、喜びます。何か返答するかもしれません。返答しない場合は、「それどこで買ったの?」とか追い討ちをかけます。女の子が、その会話にハマっていれば、素直に、どこどこのなんとかいう店とか答えるでしょう。その店をわかるに越したことはありませんが、わからなくてもあせる必要はありません。男子が、それをわかったところでなんてことはないのですが、共感しあうことが大事なので、感心してみせればいいのです。「ふ~ん」と感心してみせて、「その店の近くにおいしいピザ屋があったよ」とかなんとか自分が知っている領域に誘導していけばいいのです。そんな糸口も見つけられない場合でも、あせる必要はありません。「ね、その店って、どんなお店なの?」みたいに、女の子から話を引き出すようなシチュエーションに持っていきます。女の子が、普通の素直な子なら、どんどん答えてきます。とにかく女の子に喋りたいことを喋らせてあげて、感心して聞いてあげることに徹するのです。こちらから無理に話題を提供する必要はありません。大体、モテない男子が興味ある分野は、女の子には受けないのです。仮に、あなたが、いくらガンダムが好きで詳しいとしても、女の子がそうだとは限らないし、たいていの場合は、噛み合いません。自分の興味のある話題で、引っ張ることは、土台無理なのです。

なんだか、男子にとってはつまらない話だなあ、と思っても、それを悟られてはいけません。「共感」です。「共感」が大事なのです。モテる男子は、そのあたりが実に上手です。女の子に気持ちよく喋らせてあげて、共感する態度を崩しません。ある意味、男子には忍耐が必要なのです。それを忍耐と思わず、心から感心できれば、それに越したことはありませんが。

女性向けの雑誌やメディア情報などもちょっと調べておいて、適切な相槌まで打てるようになれば、それは、もう上級者です。そうやって、女の子と話す機会を増やしていけば、自然と女の子と噛み合う会話が出来るようになります。「ねえ、レギンスってなんなの？」男子なのだから女の子の間で常識な話を知らなくても全然OKです。後で、別に話しますが、女の子は、男と違って、プライドや見栄という感覚が希薄なので、そういうことを知らなくてもバカにしたりはしません。素直な態度で聞けば、たいていの女の子は、親切に答えてくれます。なにせ、女の子は「共感」を感じさせるお喋りが大好きなのですから。

# 女の子の取扱い説明書　その8

## メールは、女の子を口説く手段にはなりません

呑み会や友だちの紹介で出会ったりして、女の子とファーストコンタクトに成功し、会話もまあまあ噛み合っていると、男子が、後半、気になって気になって仕方がないのは、女の子のメルアドを聞き出せるかどうか、という点だと思います。携帯までは無理としても、メルアドを教えてもらえる、というのは、一種、第1次試験合格のようなもので、聞き出せれば、ヤッタア、という感じ。教えてくれないようならショボンという訳ですが、それは、あんまり感心できないアプローチ方法ですね。自分で自分のハードルを上げているようなものです。

メールというのは、女の子と仲良くなるためには、有効な道具ではありますが、唯一絶対の手段という訳ではありません。あまりメールに頼ろうとしないことです。内気な男子が犯しがちな誤りですが、メールで告白したり、メールで、自分のアピールをしようとする人がいますが、それは誤りです。直接顔を合わせないから気が楽なのかもしれませんが、そんなことでは、あなたの気持ちは届きません。

直接会って仲良くなる。気持ちを伝える。これが基本です。では、メールはどう使うか。メールは、アポ取りの連絡用だと思ってください。「いつ、どこどこで、なになにをやるから来ない？」とか「なになにを企画しているんだけど、君の都合はどうかなあ」とか、そんな業務連絡が主体です。もちろん、それだけでは素っ気なさ過ぎるので、「元気ですか？」とか「この前は楽しかったね」とか、つけ加えればよろしい。

さて、では、メルアドはどう聞き出せばいいかですが、聞き出せる確率が高いやり方は、実際に会っている時に、次に会う企画を立ててしまう方法です。「場所とか時間とかが決まったら、連絡したいから、メルアド教えてくれる？」っていうノリです。異常にガードの固い子や、最初から脈がない場合は、この段階でダメですが、その時は、無理に押さないで、一旦引きます。後でいくらでも挽回できますからね。あんまり真剣に考えなくてもよろしい。

企画は、なんでもいいんです。なんでもいいんですが、女の子が、あまり構えなくて済む、気楽に参加できそうな企画の方がよろしい。どこそこのスイーツを食べにいくとか、買物に付き合ってもらうとか、話題の映画を見に行くとか。できれば、友だちがらみの方がいい。２人だけのお出かけということになると、それはデートともいえるから、女の子にとっては、荷が重い場合もあるからです。それよりも、もうすでに企画があって、君もどう？　みたいなノリの方が、女の子も「断ってもいいんだ」と気楽に考えられるのでベターです。あくまで、なんか楽しい企画を考えている、その連絡のために、メルアドを教えてほしいんだ。という理屈で進めること。

企画なんてありません。という人もいるかと思うんですが、極論すれば、でまかせでもいいんです。女の子との会話で、この子は、お笑いが好きなんだなあと思ったら、お笑いライブに誘えばよろしい。絵が好きなら美術館、音楽が好きならライブ。なんでもいい。とにかくメルアドを聞き出しておいて、家に帰ってから、ネットで調べて予約でも入れておけばＯＫです。

友達を絡める場合は、その場で電話して、友達も行くことにしてしまえばいいのです。そうすると、女の子も断りにくくなってしまいます。できれば共通の友達がいいし、共通でなくてもいい。できれば、彼女のいる友達がよくて、カップルで来てもらう方がベターです。女の子のほうにも「友達も誘っておいでよ」と言って、気を楽にします。

メールの話に戻しましょう。最初にも書きましたが、メールで、告白したり、自分の気持ちをアピールするのは、あまり感心しません。メールでは、自分の表情が伝わらないし、相手の反応も読めないからです。女の子との会話は、内容よりも、その場の雰囲気やニュアンスが大事です。メールにはそれがない。その手の話は、あくまで、直接対面でするべきです。メールは、アポを取るための連絡手段と位置付けましょう。

時々メルアドを聞き出したら、一日に何回もメールを送って、女の子の気を引いて、うまく恋人になった、みたいな話を聞くこともありますが、あまり真に受けない方がいい。そういうケースは、最初から女の子の方がまんざらではなかったという裏事情が隠されている場合がほとんどだからです。女の子の方にあまりその気がないのに、しつこくメールを送り続けると、女の子に引かれてしまいかねません。

何回も会って、顔を合わせて、仲良くなれば、自然、女の子の方から、絵文字やデコメールが散りばめられたメールが送られてくるようになります。女の子の方から、業務連絡以外の雑談的なメールが来るようになったら、その子は、かなり心を許していると考えていいでしょう。まあ、あせらずに、メールで、対面で、女の子との距離をうまく取りながら、2人の距離を縮めていきましょう。

# 女の子の取扱い説明書　その9

女の子は、男子のプライドを全然理解しない

店をやっているといろいろな小事件が起こりますが、一つよく覚えている事件があります。

ウチの子の一人が、あるお客様からラブレターをいただきました。まあ、そういうことは、ままあることなのですが、問題はその後でした。ラブレターをもらったその女の子は、マネージャーやヒロNに報告、相談せずに、それを店の仲間の女の子に見せてしまったのです。一体何人の女の子に見せたかは不明ですが、とにかく、それが瞬く間に広まって行き、さらに、それがお店の常連さんのほとんどに知れ渡ってしまいました。結局、彼女は、そのお客様にお断りを入れたのですが、そのことが、メイド、常連さんのほとんどに知られてしまうことになり、お客様は大変恥ずかしい思いをされたのでしょう、とうとう店にいらっしゃらなくなってしまいました。本来、お客様にとって、楽しい、居心地のいい店であるべき弊店で、そんな思いをされたことが大変残念だったので、連絡先を調べ、お会いして、お詫びをしましたが、一度かいた恥はなかったことには出来ません。「僕も手紙を出した時に、ヒロNさんには、報告されるだろうな。と思っていました。それは承知の上でしたが、まさか、他の女の子やお客さんに筒抜けになってしまうとは思いませんでした。」と言われました。結局、何ヶ月かして、お客様は、またご来店くださるようになりましたが、申し訳ないことをしたなあと、今でもちょっと思います。

時々店などで、女の子たちの言動をみていると、「女の子って、男子に残酷だよなあ」と思う場面に出くわします。よく女の子は「男って無神経で、女の子の気持ちを全然考えてくれない！」などと怒ったりしますが、どっこい「君たち女の子も男の気持ちを平気で傷つけているんだよ」と言い返したくなる場面がよくあります。まあ、ヒロNのような長老クラスから言わせれば、どっちもどっちです。男も女の気持ちがわからないし、女も男の気持ちが全然わかってない。かくいうヒロNも、女性の気持ちの本当のところは全然わかっていません。わからないからこそ、男女の仲は面白いのかもしれませんけどね。

結論から言えば、女の子は、男のプライドというものを全然理解していないし、わかっていません。そんなものがあるとも考えていない女の子も実に多いのです。なぜか。それは、女の子の中に「男的なプライド」というものが、全く存在しないからです。

男的プライドというのは、基本的に「男子は競争社会の中で生きている」ということに根ざしています。男子は、子供の時から、基本、競争に勝つことを義務付けられていることが多い。競争に勝って、なるべく高い社会的ポジションを獲得し、なるべく多くの金を稼ぐことが基本的な存在意義なのです。ただし競争ですから勝つこともあれば負けることもある。負けた時は、男子は結構傷つきます。自分の存在価値を否定されたような気分になるのです。だから、なるべく負けたくないと頑張るわけですが、いつもいつも勝つと言うわけには行きません。むしろ負けちゃうことのほうが多い。負けた時には、なるべくそっとしておいてあげて（できれば知らん顔してあげて）なかったことにしてあげるのが一番なのです。この辺のところは、男同士なら、よく理解できるのですが、女の子には、この辺のところがわからない。

恋愛に関しても、男子の場合「女の子にふられる」というのは「競争に負ける」ことを意味します。女の子の場合も「ふられる」と傷つくことには変わりがないのですが、女の子と男子の場合では多少受け取り方が違うようです。男子の場合、「ふられる」のは「恥をかく」という感覚が強いので、それを隠しておきたいのですが、女の子の場合は結構オープンです。ウチの子でも、誰かがふられたりすると、結構皆が代わる代わるに、その子のところにやってきて、事情を聞いたり、慰めたりして、かなりの騒ぎになっていましたね。女の子は「ふられる」＝「恥をかく」という感覚がないのですね。

ウチの店でも、女の子が、ラブレターをもらったり、告白されたりすることが何度もありましたが、大半は、女の子が「ふる」という結果になってしまいます。これは、職業上、仕方がない面もあります。そのお客様にとっては、その女の子は、一人かもしれませんが、女の子の方は、不特定多数のお客様を接客しているわけですから、一人のお客様ばかりとなかよくすることは基本的にはできません。店としても、特定のお客様と特別に仲良くなったスタッフを、いつまでも店に置いておくことは、原則としてできません。女の子達も、その辺は心得ているので、多くの場合は、そういうお誘いをお断りすることになってしまうのです。ですが、いつも悩ませられたのは、その「お断り」の仕方です。中高年のヒロNから見ると、その「お断り」の仕方がお客様に対して、あまりにも失礼というか無神経なケースが多かったのです。「もっと傷つけないように配慮してあげてよ。」と言いたいことが多々ありましたし、女の子達にも折に触れて言って聞かせたのですが、どうもピンと来てないようでした。男子は色恋沙汰自体を恥ずかしいこと、他人には知られたくないことという感覚が強いようです。その理由は、①ふられた時に恥をかく心配がある。だからなるべく他人には知られたくない。②自分が女性に夢中になっている＝つまり、自分が仕事や自己鍛錬という男子本来の努力をさぼっている、と見られたくない、という心理が働いているのだと思います。「女の尻を追いかけている」「女にうつつを抜かしている」というようなネガティブな言葉があるように、、男子が恋愛に夢中になる、ということを、あまりよく思わない風潮が、世の中にはあるのです。欧米では、そんな感覚は希薄で、恋愛も実に堂々としていますよね。ほとんどの欧米映画は、ラストが男女のキスシーンで終わります。日本では「僕は、〇〇ちゃんとの恋愛のことで、夢いっぱいです。」などと言えば、「もっと仕事や勉強に精を出せ！」と一喝されるのがおちです。

ふられた場合は、多くの人に恥を晒すことになり、たとえ、うまく行っていたとしても、こいつは、女にうつつを抜かしていて、仕事や学業に身が入ってないんじゃないか、と意地悪い目で見られる、男子にとって、恋愛話は、公開してもあまりいいことがありません。そんな背景があって、なるべく恋愛は秘密にしておきたいという心理になります。友達に紹介する場合でも、彼女との関係が、かなり安定して、この子とは間違いない、という時期が来るまで、隠しがちです。男にとっては、友達もライバルになりがちだからです。恥ずかしいとか照れくさいとかいう感情も、このあたりから出ているのです。よく芸能人のゴシップなどでも、たいていの場合は、女の方が嬉々として、2人のなれそめなどをぺらぺらと話したりするのに、男の方は、むっつりと口を濁すことが多いように思いませんか？　いざ、婚約とか、結婚とかになれば、男もいよいよ観念して、話をするのですが、男の方が、そう言うことに対しては消極的なのです。

その点、女の子は、恋愛というものに対して、基本照れというものがありません。

実に堂々としています。だからわが店のメイドのように、いただいた手紙を、他の女の子に見せてしまったりするのです。全然悪気もないし、そのことで、相手の男性が恥ずかしい思いをするなどということは、想像もしないのです。

これは、男子として、女の子と付き合う前に、予め覚悟しておくべきことです。あなたが、いくらこっそりと女の子に告白したとしても、それは、すぐに、その女の子の友達に伝わってしまいます。内緒だよと念を押しても無駄です。多分、告ったその日のうちに親しい友達に伝わり、三日もすれば、彼女の知り合いの女の子、ほぼ全員に知れ渡ることとなります。恋愛話だけではありません。女の子は男のメンツ、プライドといったものに対して、まず理解がありません。

男は、ことの大小に関わらず、勝ち負けにこだわるのですが、女の子の場合は、そういう感覚がほとんどないので、敗北し、傷ついた男を、そっとしておいてあげるとか、見て見ぬフリをしてあげる、ということをしません。夫婦でも、よく奥さんが、ご主人が出世しないことを、あからさまになじったりすることがありますよね。競争の厳しさ、辛さを身に沁みている男性からすれば、本当に辛らつです。でも女性は、それが男性にとって、本当に頭に来ることである、とは意識していないのです。

女の子と男子のそんな感覚の違いを予め理解しておきましょう。

# 女の子の取扱い説明書　その10

## 女の子はつるむ。男子はつるまない。

その⑨の続きめいた話になりますが、女の子は、恋愛において、非常によくつるみます。男子の場合、恋愛においても、基本、他の男はライバルなので、めったにつるむことはありません。仲のいい友人でも、女の子のように、恋愛話を根掘り葉掘り聞き出して、一緒になって喜んだり、怒ったりすることはあまりありません。「なんかあいつ最近彼女できたらしいよ。」「どおりで、最近呑みに来ない訳だ」位の感じで、うっちゃっておけというふうに無関心です。「すごい、やったじゃない！で、で、彼氏ってどんな人？どんなふうに告られたの？」と興奮気味に話に乗ってくるのは女同士です。女の子にもライバル心や嫉妬の感情は、あると思うのですが、観察していると、女の子は、そういう時、実によく結束するのです。それが、恋愛当事者の女の子の望む相手だったりすると、なおさら張り切ります。まるで、自分自身が、その恋バナの主役になったような気持ちになってしまうのです。

そんな時、その彼氏が、うっかりその子を傷つけるようなことをしでかしたりすると大変です。その女の子のグループから総スカンを食らったりします。また、その女の子本人でなく、友達を傷つけるようなことをしてもいけません。そんな話は、女の子のグループ内にすぐ伝わります。女の子のネットワークは実に緊密なのです。仲間の誰かが傷つけられると女の子達は、自分のことのように怒ります。「そういう男は最低だ」という負の評価がネットワークを駆け巡るうち、どんどんエスカレートしてしまいます。

女の子と付き合いの乏しい男子は、恋愛対象の子に対してしか目に入らなくなり、周囲への配慮を忘れがちです。女の子のネットワークを甘く見てはいけません。好きな女の子だけでなく、仲間のどの女の子にも悪い印象を持たれないように気をつけましょう。

女の子のネットワークは、都合の悪いことばかりではありません。このネットワークをうまく利用すれば、女の子の友達を援軍にして、お目当ての女の子と仲良くなることも可能です。「僕は、こんなにいい男です。性格もいいし、お金もあります。こんな僕と付き合いませんか?」あなたがそんなアピールを女の子にしたとしたら、女の子はどう感じるでしょうか?自分を自慢する鼻持ちならないヤツと思われるのがオチです。しかし、同じことでも、親しい女の子友達が言ったとすれば話は別です。当事者同士では、うまくアピールできないことでも、第3者を通じれば、うまく行くことも多いのです。その点、男友達は、使えません。男は、基本、他人の恋愛には冷淡ですから、真剣に、人をほめたりはしないのです。一方、女の子は、良かれと思えば、一生懸命応援してくれます。「なんか、○○子は悪い気はしてないみたいよ」とか「他に好きな人がいるんだって、無理みたい」とか、当の本人の本音を教えてくれたりもします。

お目当ての女の子の友達全体と仲良くなること。

そういう友情の感覚が乏しい男子の場合、ともすると、彼女以外の女友達なんて邪魔な存在と考えがちですが、これは大きな間違いです。

彼女たちに応援してもらえることで、お目当ての女の子との距離がぐっと縮まってくるはずです。

彼女の友達は、大事にしましょう。

# 女の子の取扱い説明書　その11

女の子の「優しい人」を聞き流してはいけない。それは女の子の本音です。

「理想のタイプは？」女の子に聞くと、女の子はたいてい「優しい人」と答えます。その時、あなたはどう感じるでしょうか？大半の男子は「なんか当り障りのないこと言っちゃって、もっと本音を言えよ」とか「どうせイケメンが好きなんだろ、きれいごと言うなよ」とか、心の中で突っ込みを入れたり、女の子の言うことを中身のない建て前だと決めつけて、聞き流してはいませんか？ヒロNも若い頃は、そんなふうに考えていました。女の子が「優しい人」と言うのはきれいごとだと。しかし、女の子の実に多くが好きな男性は「優しい人」と答えます。まあ、それだけでは芸がないと思うのか、最近では「優しくてひょうきんな人」とか「優しくてたくましい人」とか、ネタ半分で「年収3千万円以上」とかいう女の子もいますが、「優しい人」という基本条件に異論を唱える女の子は、まずいないでしょう。女の子は皆「優しい人」が好きなのです。これは適当なごまかしの言葉でもなんでもありません。これは、女の子達の本音の声なのです。

それなのに、男たちは、それを聞き逃したり、裏があるのだろうと勘ぐって、まじめに聞こうとしません。

男の大半がそうなら、まじめに、この言葉を受けとめて「優しい人」になろうと努力すれば、それだけで女の子に好感を持ってもらえるチャンスが増えると思いませんか？女の子の「優しい人」は本音だと納得したとしましょう。そこで問題になるのは、その「優しい人」の中身です。観察していると、この「優しい人」の意味がわからない男子が実に多いことに気づかされます。女の子の言う「優しさ」とはなんなのでしょうか？ヒロNは、女の子たちをいろいろと見てきた結果、こういう結論に達しました。

「優しさ」とは、女の子のご機嫌を取ったり、贅沢をさせたりすることではありません。ヴィトンのバッグを買ってあげることでもないのです。

女の子の言う本当の「優しさ」の意味とは、女の子の話を真剣に聞いてあげることである、ということです。

「なんだ、そんなことか」と拍子抜けした人もいるかもしれませんが、男性というヤツは、実に、女の子の話をまじめに聞いていない。聞いているフリをしていても聞いてやっていないものなのです。（まあ、逆に、女の子も男の話なんか聞いていてい

ないんですがね）

ちょっと唐突かもしれませんが、一つ例を出しましょう。奥さんに「定年離婚」の話を持ち出された夫の話です。

夫60歳。彼は、結婚生活3０数年にして、突然妻から「離婚話」を持ち出されてしまいました。「なぜだあ！俺は、お前や子供たちのために一生懸命働いて、人並み以上の生活をさせてきてやったんだぞ！家だって建ててやったのに、何が不満なんだ！」夫は、妻と口論するうち、とうとう我慢できずに、怒鳴ってしまいました。妻は、その点、妙に冷静というか、冷めています。「お給料のことは感謝しています。でも、あなたは、いつも仕事だ、会社だ、と言って、逃げてばかりで、私たち家族のことを一つも考えてくれなかった。長男がグレそうになった時も、子供の教育は、お前の責任だから、と言って何もしてくれなかったわ。」「男が、社会の中で働いて、妻子を養うために、どれだけ苦労しているか、お前には、わからないから、そういうことが言えるんだ！」「あなたのそういう態度が、どんなに私たち家族を苦しめてきたか。今まで、ずっと我慢してきましたけど、もう限界です。あなたが、会社を定年退職するなら、あたしも、妻を定年退職させていただきます。」みたいな。

双方の言い分のどちらに理があるのかは、意見のわかれるところですが、もう一つ、やや極端ですが、例を挙げましょう。

これは、あるやくざの幹部の男の奥さんだった人の話です。

そのやくざさんは、その道では、武闘派として筋金入りの人で、30歳で結婚しましたが、他に女を作ったり、暴行、傷害などで、しょっちゅう逮捕、刑務所入りを繰り返し、結局50歳になる前に抗争で命を落としてしまいました。結婚期間は20年近くでしたが、そのうち、奥さんと一緒に暮らしたのは、正味3年もあったでしょうか。

もちろん、そんな男ですから、経済的にも不安定で、ごくたまに、どこからかまとまったお金が入ってきても、義理だ、子分の面倒だと、すぐお金は消えてしまい、たいていは、貧乏のからッ欠。奥さんが呑み屋の下働きで稼いで糊口をしのぐ日々。その僅かなお金も、渡世のためとか言って、夫が持っていってしまうこともたびたびだったとか。それでも、驚くことに、その奥さんは「あの人の女房になれて幸せだった」と言ったそうです。そんなバカな。「あの人は、自分が刑務所に入っている時も、いつも私のことを心配してくれていた。結婚してから、すぐに刑務所に入って出所して、苦労をかけたからと、京都に連れていってくれた時は最高に幸せだった。その時、主人は私のために何でもしてくれた、出所したばかりでお金がなかったのに、とてもいい旅館に連れていってくれた。お前がいるから、俺は生きていけるんだ、と言ってくれた」

奥さんは、のちのちまで、事あるごとに、そう言っていたそうです。

極端な例かもしれませんが、女性にとって「定年離婚の夫」は「優しくない人」で「やくざの男」は「優しい人」であるという結論は、決めつけ過ぎでしょうか？

冷静に、事実だけを見れば、何十年も妻子が暮らしに困らないように会社勤めをして頑張った夫の方が立派で、奥さんの乏しい稼ぎまで巻き上げて、好き放題をして、挙句、勝手に死んでしまったやくざの夫の方がひどいヤツだ、と言えると思います。しかし、女性の感性からすると、会社勤めの夫は、自分と一緒に生きてくれた、という実感が全然なくて、やくざの方は、自分と一緒に真剣に生きてくれた（一瞬でも）、一緒に喜んだり、悲しんでくれた、という一体感が感じられた、ということなのではないでしょうか。

つまり、女の子の言う「優しい」とは、そういうことなのです。女の子の「優しい人」というのは、男に、そんな本気度、一体感が感じられるかどうか、ということなのです。

男の場合、事実、中身、内容さえあれば、言葉、態度なんて二の次、という考えの人も多いとは思うんですが、女の子は、そうではありません。女の子に対しては、かける言葉、態度が、非常に大切なんです。それも、真情がこもっていなくてはいけません。ものすごい二枚目なら、黙っていても、女の子はついて来るかもしれませんが、そうではない一般人の場合、一緒に喜んだり、悲しんだり、女の子とともに生きる、生きていってくれる人ということを女の子が実感できなければ「優しい」ということにはならないのです。

女の子の「優しい人」という発言を、軽く聞き流してはいけません。そこに、女の子の本当の気持ちが隠されているのですから。

# 女の子の取扱い説明書　その12

## デート代くらいは男が気持ちよく払う

「女はいいよな。飲み食いしても、払いは男だし」ひどい男になると「絶対エッチをさせてくれるという保証もないのに、男がデート代を持たされるのは納得できない」とか「ちぇ、なんか気を持たせて、期待させておいて、金だけ払わせて、バイバイだもんな」とか、そんな愚痴を言っている男がよくいます。気持ちはわからないでもない。(笑)

でも、ヒロNとしては、あえて言いたいです。お金に余裕がない場合は仕方がないとしても、「デート代くらいは、基本、男が払うべきだ。」と。女の子がエッチをさせてくれるかどうかは二の次です。なぜなら、女の子は、あなたとのデートのために、あなたの何倍も気を使い、手間とお金をかけているからです。

考えたことがありますか?あなたが、デート前、自分の家で寝転がってテレビを見ている間、女の子が何をしているかを。

女の子は、お風呂に入り、髪を整え、爪の手入れをし、洋服選びに悩み、靴選びに悩み、メイクが気に食わず、やり直したり、多大な犠牲を払っているのですよ。美容院代、洋服代、靴代、化粧品代、果ては、エステ、ネイル。お金のことだけいっても、軽くデート代を上回ります。

男の方が稼ぎがいいからとか、心理的に優位に立ちたいからとか、負い目を負わせて言うことを聞かすためとか、そんなことではありません。女の子のことを思いやってあげれば、デート代くらい払ってあげるのは当然のことだと思えてきませんか？女の子のことを表面的にだけ見てはいけません。彼女がかわいらしかったり、魅力的だったりするのは、結果にしか過ぎません。その裏にある女の子の苦労や払った犠牲というものを察してあげられる男子になるべきだとヒロNは考えます。

デート代くらいは、気持ちよく、当然のこととして払ってあげましょう。

# 女の子の取扱い説明書　その13

かと言って、『猫かわいがり』されても女の子はうれしくない

「ねえ。どう？ 楽しい？」「君の口に合う？ どう？」「大丈夫？ 疲れてない？ 退屈してない？ 退屈してない？」

女の子の取扱いに慣れてない男子ほど、そんなセリフを繰り返してしまいます。ああ、あんまりデートの経験がないんだなあ、とそんな男子の態度を見るにつけ、ヒロNはほほえましい気分にすらなってしまいます。でも、そんな時、たいていの女の子は、ドッチラケているものです。なぜ、男子は、女の子にそんなに気を遣うのでしょうか？ 気を遣われれば遣われるほど、女の子はしらけてしまうというのに。

それは、その男子が女の子の気持ちを察してあげていないからです。

女の子がデートに期待するものはなんでしょうか？

それは、おいしい食事でも、きれいな風景でも、面白い乗り物でもありません。意外ですか？ でもそれが真実です。そんなものは、何もわざわざ男子と来なくても、女友達同士で楽しめばいいのです。女の子がデートに期待しているものは、ズバリ自分がデートに来ることによって、相手の男が喜ぶ姿なのです。「○○ちゃんとデートできてすごくうれしい」「君と一緒にいられて、すごくうれしい」「すごくすごくうれしい」そう男子が喜ぶ様子を見て、女の子は満足するのです。ところが、その肝心の男子の方が「楽しい？楽しい？」「退屈してない？退屈してない？」と気を遣ってばかりで、デートをちっとも楽しんでいないという感じだと、私ってなんなの？ということになり、女の子は、段々と腹が立ってくるのです。わかりますか？そういう男子は、自分の役割をわかっていない。そんな始末だと、デートの終わりに「今度いつ会えますか？」と次のデートの約束を取りつけようとしても、首を横に振られるのが、オチなのです。可哀想ですね。

男子には、どうやら「女性を喜ばせたい」願望というものがあるようなのです。だから、一生懸命、女性にプレゼントをしたり、ご機嫌を取ろうとします。その願望の元には「うまく女の子の歓心を買って、エッチまで持ち込みたい」という極めてベタな下心もあるでしょう。でもそれだけではありません。なぜならエッチの最中でも、男は、女の子が喜んでいるかどうかを気にするからです。エッチまで持っていきたいという理由からだけで、女の子を喜ばそうとしているのならば、エッチに持ち込んだ段階では、もう女の子を喜ばそうとしなくてもいい筈です。男は、女の子が、自分のことで喜んでくれる様子を見ること自体が快感なのです。

しかし、その男の「女の子を喜ばせたい願望」というやつが、実は、少々厄介なのです。

男は、女の子を喜ばせたい一心で、気を遣いまくります。特に、デート慣れしていない初心者は、それが見え見えです。でも、それが結果として、女の子を白けてしまうことになってしまいます。なぜかというと、女の子に、気を遣い過ぎる男子は、女の子のご機嫌を取ろうとして、本当に女の子がしてほしいことに気づかず、女の子が言うことを聞かず見ず考えず、自分勝手に、こうすれば女の子は喜ぶだろうと、決めつけてしまっているからです。女の子だからスイーツを食わせとけば喜ぶだろう、女の子だから夜景でも見せとけば喜ぶだろう。女の子だから、女の子だから、女の子だから。

それが、女の子からみたら、実に雑で、幼稚に映ってしまうんです。こいつってバカじゃないの？　それともあたしをバカにしているの？　女の子は無意識にそんなふうに感じてしまいます。女の子に異常に気を遣ってしまう人は「僕は、こんなに女の子に尽くしてあげてるんだ」と勘違いしているかもしれませんが、それは、単に自分の「女の子を喜ばせたい願望」を満たそうとしている自己満足行為に過ぎないのですよ。自分がしたいことをしているだけであって、女の子のことを本当に考えてあげてる行為ではないんですよ、とヒロNは言いたい訳です。それでは、女の子は絶対に喜んではくれません。

たまに、すごく自分勝手で、自分の好き放題のことばかりしていても、女の子がついてくる男っていますよね。やんちゃなヤツで、乱暴な言葉づかいで、女の子の意見なんて全然聞かないで行動するヤツ。そんな男なのに、なぜか可愛い彼女がいたりして。その女の子は、そいつにどんなにめちゃくちゃなことをされても、言われても、結局その男について行ったりして。なんで、あんなヤツがいいんだろう、あんなヤツより、僕の方が何十倍も彼女を大事にして、幸せにできるのに、なんて、口惜しい思いをしたりして。

でも、よく観察してみると、そういう好き勝手男というのは、きっとどこかで、その女の子に「お前を頼りにしている」「お前がいなくなったら、自分はダメになってしまう」ってなことを、はっきり口にしているか、暗にわからせるようなサインを出しているものなのですよ。それがあるから、女の子は、そんなヤツにハマってしまうんです。逆に、女の子にフラれてしまう男子は、そういうメッセージを女の子に伝えていない。伝えているつもりでも、伝わっていない。

まあ、初心者にとっては、この好き勝手男みたいなやり方はむずかしいかもしれない。慣れないことはケガの元ですからね。

結論めいて言えばこうです。

まず、女の子に異常に気を使うことは、この際やめることです。デート中、相手を気遣うセリフは1回か2回。しかもさり気なく言わなくてはいけない。一方的にこちらが尽くすんじゃなくて、一緒に楽しむ態度でのぞむこと。つまり、「楽しい？」ではなくて「楽しいねえ、君はどう？」が正解、ちょっとした言葉づかいの違いに過ぎないようですが、これがとっても大事なんです。

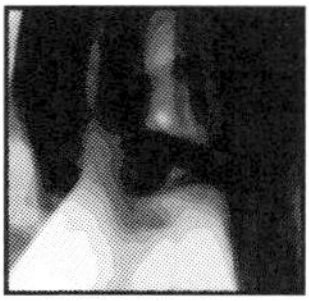

# 女の子の取扱い説明書　その14

## 女の子に男子の冗談は通じない

ズバリ結論から言いましょう。女の子にはユーモアのセンスがありません。女の子は冗談が分からないし、冗談が嫌いなのです。そう言いきってしまうと、いろいろ反論が聞こえてくるかもしれません。「だって、最近のお笑いイベントなんか女の子ばかりだよ、ヒロNさん。それを、どう説明するの?」

お答えいたしましょう。お笑いイベントに群がる女の子の大半は、今、お笑いが流行っているから群がっているだけのことです。女の子は、流行のトレンドの中にいることが快感なのであって、本当にお笑いを楽しんでいる訳ではないのです。華やかに活躍するお笑いタレントに近づきたい。皆で集まって楽しい時間を共有したい。今は売れていないお笑いタレントでも先に目をつけておいて、流行った時の優越感を味わいたい。一緒に苦労して売れっ子にしたという達成感を味わいたい。まあ、そんなところです。

本当にユーモアのセンスがあって、冗談が大好きな女の子というものに、ヒロNは出会ったことがありません。「じゃあ、女芸人というのはどうなの?彼女達もユーモアのセンスがないの?」お答えしましょう。女のお笑い芸人のパターンは、たいていは自分の容姿や相方の容姿のコンプレックスをネタにした、自虐ものか物まねがほとんどです。身もふたもないことを言えば、女の子なら誰でも抱いているコンプレックスの本音を代弁しているだけで、別にあれは、お笑いではありません。

女の子は、基本的に冗談が嫌いなのです。特に、人間関係に関する場面では、男子みたいにふざけることは絶対にしません。ふざける男子も好きではありません。子供時代をちょっと思い出してみてください。クラスの中でふざけて、笑い転げているのは男子だけで、女の子はふざけていませんでしたよね。それどころか「男子はふざけてばかりいる！」とホームルームで本気で怒ったりしていませんでしたか？

なぜ、女の子はふざけるのが嫌いなのでしょうか？　それは女の子にとって、人との付き合いというのが、男子よりはるかに真剣なことだからです。冗談など言っている余裕はないのです。同性とは、共感、なかよし感を形成するために一生懸命になり、異性に対しては、よきパートナーを見つけるために一生懸命です。

昔のことになりますが、ヒロNが大学生の時代、いつもつるんで遊んでいた同級生のグループがありました。全員冗談大好き。ボウリングをしてはふざけ、酒を呑んではふざけ、旅行に行ってはふざけ、映画を見に行ってはふざけまくっていました。誰かが冗談を言うと、その上に冗談を重ね、さらに、その展開を裏切る冗談を誰かが言い、それをやり込める冗談が、他の誰かから出てくる、というように、それは、まるで冗談のバトルロイヤル状態でした。多分に楽屋オチのきらいはありましたが、皆、その場で、面白いことを言うために、頭を働かせまくって、一種の冗談のスピード感みたいなものに興奮状態になってくるのです。大脳をフル回転させることに酔ってくるのです。後で考えると、どうしてあんなことが面白かったんだろう、と思えることが、その瞬間では、とてつもなく面白かった。笑って笑って、笑い転げて息が出来ないくらい笑った。若さ故ですね。

この仲間のおかげで、4年間の大学生活は、すごく愉快に過ごせました。4年間のうちには、5人の中の誰かが、女の子を連れてくることがあります。同級生だったり、同好会の後輩だったり、高校時代の同窓生だったり、さまざまです。これが、まず噛み合わない。我々の仲間は、個人になると、モテる人間もいましたし、そんなにダメダメな男子ばかりではなかったのですが、これが、5人揃って、「冗談バトルロイヤル」となってしまうと、女の子はもうついて行けないのです。中には、途中で泣き出してしまう子まで出てくる始末。どうして泣いてしまったのか、後で聞いてみると、その場にいた我々が何を言っているのか、さっぱり理解できず、遠い外国に一人取り残されてしまったかのような孤独感に襲われたのだと言うのです。とにかく、我々5人組は女の子たちにとっては、最低最悪なおふざけ野郎軍団だったという訳です。余談ですが、そうやって、多くの女の子達の顰蹙を買いつづけてきた我々ですが、その中で生き残った数少ない勇者な女の子もいるにはいました。そのお方達は、今、5人組の中の夫人会を作っておられます。ただ、彼女らは、我々のバトルロイヤルに参加することはありません。基本は、「このバカヤロ達はしようがねえなあ」という半分あきらめ、半分慈愛に満ちた眼差しで、我々を冷たく見下ろしていますです。

まあ、昔話は、このくらいにしておきましょう。

男は、基本ふざけるのが好きです。どうしてなのかはわかりませんが、面白いこと、滑稽なことを考えているうちに、段々気分が高揚してきます。すごくうまくはまった駄洒落などを思いつくと、人に話さずにはいられません。一度駄洒落のスイッチが入ってしまうと、とめどなくなってしまう男をヒロNは知っています。「ヒロNさん、どうしよう、おれ、駄洒落が止まらないよ」彼は半泣きになりながら、その夜、駄洒落を言い続けました。いくら女の子の顰蹙を買っても、駄洒落を言い続けなくては気が済みません。男同士で人気がある男も、やはり冗談がうまくて、ユーモアのセンスがある男が多いようです、ところが、女の子には、ユーモア、冗談に対する価値基準がありません。だから、男から見て「面白いヤツだなあ」という男が全然モテなかったりします。逆に、冗談のひとつも言えない「なんてつまらないヤツなんだろう」という男の方がモテたりして。概して、女の子にモテる男というのは、あまり冗談を言ったりふざけたりしないものです。たまに、女の子が好きな男のタイプを「面白い人」などとのたまうことがありますが、実際に、女の子が「面白い」といった男が面白かった試しがありません。

　女の子にモテたかったら、女の子には絶対冗談を言わないこと。これ、ホントなんすから。

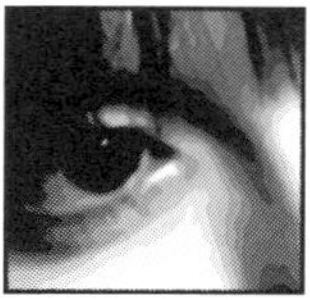

# コラム

## メイド喫茶にいらっしゃい

皆さんは、メイド喫茶に行ったことがありますか？経営してた人間が言うのもなんですが、メイド喫茶は面白いですよ。メイド喫茶の歴史は浅く、経営者がいろいろな方針で、店を作っているので、メイド喫茶とはどういうところ？というと人それぞれ印象が違うと思います。ヒロNが、メイド喫茶を経営しているというと、仕事仲間の連中は、たいてい2つのことを言いました。一つは「あんたも、とうとう水商売に手を出したか」もう一つは「ヲタク相手の商売なんて楽しいの？」。大体、世間一般の大人の反応なんて、そんなものです。キャバクラが大好きな広告代理店の営業マンは、女の子におさわりもできない、見るだけ、話するだけの店なんて、お金と時間の無駄だ、言わんばかりでした。この手の客を取りたくて、キャバクラまがいの接客サービスに転換する店も中にはあり、また、最初から風俗嬢に、メイド服を着せただけの風俗店も乱立したので、なにがなんだかよくわからない状況でもあります。

ヒロNのメイド喫茶の定義はこうです。「メイド喫茶とはイイトシをした大人が女の子のオママゴトに付き合う空間である」

メイド喫茶の基本は、女の子が、子供の頃に熱中したオママゴト遊びです。女の子が可愛いと思う格好をし、女の子が可愛いと思う、店の飾り付けをし、可愛いと思う飲み物や食べ物を出す。そんなワールドです。「そんなものばかばかしい」と思ってしまえば、それまでです。そういう人は、メイド喫茶のお客さんにはなり得ません。仕方ありませんな。人生観の違いですから。

でもちょっと思い出してみてください。小さな子供の頃、女の子のオママゴト遊びに付き合わされたことはありませんか？

ヒロＮが、子供のころというのは４０年以上も前のことですから、物があまりなく、オママゴトと言っても、葉っぱを皿に見たてたり、泥のお団子を食わされそうになったりという具合でした。その後は、物が豊かになり、りかちゃんの附属品が利用されたり、ママなんとかとか登場したり、スタイルは進化したと思いますが、女の子の姉妹のいる人は姉や妹に付き合わされたり、いない人は近所や同級生の女の子に付き合わされたり、たいてい一度や二度は「お父さん」の役を割り振られ、目に見えない間取りの家に上がらされ、玄関から入って！とか怒られたりしましたよね。それが、大人になって、実際に登場したのがメイド喫茶なのです。メイド喫茶では、お客さんは「ご主人様」という役を割り振られ、メイドたちのオママゴトに付き合わされます。

その時の気分は、なんか男の子的には、暇な退屈な気分がある反面、ちょっとくすぐったいような、平和な気分が広がります。

オママゴトなんてバカバカしいや、と子供の頃から全然つきあわなかった乱暴者もいらっしゃるかもしれませんが、付き合った人には、そこには女の子独特の価値観やフィーリングみたいなものが垣間見られるような不思議な感覚があったのではないかと思います。ヒロNはそうでした。

女の子的な柔らかいもの、ふにゃふにゃしたもの、うまく言い表せないけれど、競争し、勝ち負けにこだわり、いつも活発に、乱暴に動き回る、男的競争社会とは、全く異質の女の子的世界。そんな世界に、大の男が浸れる場所はメイド喫茶くらいのものではないでしょうか?

思春期を経て、女の子をセックスの対象、エッチが出来るか出来ないか、という視点でしか見なくなってしまった男性にとっては、そんなメイド喫茶のぬる〜い世界は、無意味な感じがするでしょうし、大の大人が、ポッキーあ〜んされているだけで喜んでいるなんて、バカバカしいと、断じる向きもあるでしょう。その通りだと思います。

メイド喫茶は、他愛もないバカバカしい世界なんです。でも、他愛もない、バカバカしい世界だからいいのです。いい大人が、子供のように、女の子のオママゴト遊びに付き合ってあげる余裕、心のゆとり、そんなことにメイド喫茶の存在価値があるんじゃないか、と思うのは、身びいきな思いなのでしょうか?

まあ、とにかく、メイド喫茶に行ったことのない人は、何も予定がないお休みの午後にでも、ちょっとメイド喫茶を覗いてみたらいかがですか?男子たるもの、たまには、女の子達のオママゴト遊びに、付き合ってあげるゆとりを持つのも一興だと思いますよ。

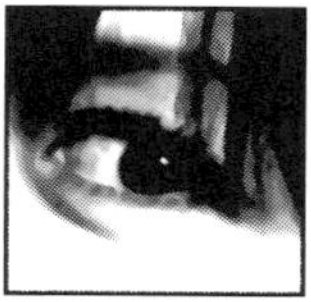

# 女の子の取扱い説明書　その15

## 女の子はコンプレックスの塊である

男子は、競争社会に生きる動物ですが、女の子の間にも競争はあります。それは、見方によっては、男子よりも、もっと熾烈なものかもしれません。男子の競争は、簡単に言えば、エサ取り競争です。いかに多くのエサを獲得するか、獲得できるオスになるかの競争です。その競争に勝つには、生まれつき体格がいいとか、生まれつき頭がいいとか、先天的な要素もあるのですが、後天的な努力、自己鍛錬で挽回できる部分が大きいと見られている節があります。体が弱ければ、鍛えればいい。頭が悪ければ勉強すればいい、育ちが悪ければ、一生懸命稼いで金持ちになるか、組織の中で、昇進、出世すればいい。ある意味、大部分が、本人の努力次第で道は開ける

ということです。(本当は、そうばかりではありませんが、とにかく男子は、そういう人生観で生きていくのが主流です。)

一方、女の子の方は、生物学的に言って、優れた男性と結ばれて、子を産み、育てることが、競争の主目的なので、いかに男性にモテるか、という競争になる訳です。ところが、男性にモテるか、モテないか、という競争種目は、容姿が美しいか

美しくないか、という要素に大きく左右されるので、女の子の場合、勝敗の大半は、生まれた時についていてい る感じになってしまいます。もちろん、容姿の美醜というのは、生まれつきばかりではありません。後天的努力もあるのですが、男子に較べて、やはり先天的要素が非常に大きい。昔の民話や童話などでも、男の子を主人公にしたものは、男の子が努力して、試練を克服して、立派な大人になる物語が多いのに対して、女の子が主人公の場合は「昔、あるところに美しい娘がおりました」と最初から勝負が決まっているような設定ばかりです。「シンデレラ」は、継母や義理の姉たちにこき使われ、いじめられますが、「生まれつき美しかったため」、王子様に見初められ。幸福をつかみます。シンデレラが、もし、生まれつき美人でなかったら、一生こき使われて終わったことでしょう。つまり、シンデレラが勝ち組になったポイントは、いじめに耐え、家事労働を一生懸命やった努力ではなく、「生まれつき美人だった」という、先天的アドバンテージゆえだったということです。

極論すれば、女の子は、生まれた時から勝負の大半がついているということです。挽回する余地は、男子に較べて非常に小さい。美人に生まれた子は圧倒的に有利で、そうでない子は圧倒的に不利なのです。それでも、女の子は、女の子に生まれた以上、このレースから降りる訳には行きません。それで、女の子は、毎日毎日髪の手入れをし、肌の手入れをし、少しでも自分をよく見せる服を探しまわり、それこそ生活の大半の努力を、自分の容姿の向上に注ぐのです。

そんな訳で、女の子は自分の容姿がどう見えるのか、ということに、物凄く真剣です。

裏を返すと、自分の鼻が、もっとこうだったらいいのに、とか、口が大き過ぎるんじゃないかとか、胸が小さいとか、大き過ぎるとか、際限なく悩み続けるのです。男からみてすごい美人、パーフェクトに思える美女でも、それは同じことです。ヒロNの知っているミスユニバース級の美女の悩みは、自分の脚が長過ぎるということでした。どう転んでも、女の子はコンプレックスを抱えることになるのです。

また、今時点で、美人であるという評価を勝ち得た子でも、どうしようもない現実が待っています。それは年齢です。女の子は年齢をモノスゴク気にします。ある年齢を過ぎれば、自分の容姿がどんどん衰えてくると、女の子は知っていて、それを恐れるのです。20才の子は、19才の子に負けると思っているし、19才の子は18才の子に敵わない、と思っています。

女の子のコンプレックスは、物凄く強烈で、深いのです。

そんな女の子のコンプレックスを逆なでするような言動は、絶対に慎まなくてはなりません。男子が、女の子の容姿のことを、へらへらと口にしてはいけないのです。

よく、女の子と打ち解けようとして、女の子の容姿のことで軽口を叩く男子がいますが、もうこれは完全にアウトです。「僕は外見じゃなくて、君の中身にほれたんだよ」みたいな言葉もダメです。ブスだなんだ、というのは論外ですが、きれいだ、かわいい、というホメ言葉も、うっかり、迂闊に使うと逆効果になりかねません。そこに、実がなければ、女の子は、これはただ機嫌を取るだけの嘘だと、捉えがちだからです。女の子の外見、容姿に対する真剣度は、男子の想像をはるかに超えるところにあるのです。

女の子の容姿には、あまり触れないようにした方が、賢明です。男には、所詮、女の子のコンプレックスの深さは理解できないのですから。

# 女の子の取扱い説明書　その16

## 基本、女の子は男子を不真面目だと思っている

今までの取扱い説明書を読んでいただければ、充分おわかりだと思いますが、女の子は、恋愛に対して、物凄く真面目で、真剣です。男子と最初からスタンスが違うのです。「僕だって、真面目にあの子との恋愛のことを考えているのに。けっして、いい加減な気持ちじゃないのに。あの子はわかってくれない！」

と悩んでいる人もいるかもしれませんが、男子の真剣さと、女の子の真剣さはレベルが違うのです。あなたが、いくら女の子との恋愛を真面目に考えているとは言っても、一日何時間もかけて髪の毛の手入れやお肌のお手入れをしている訳ではないでしょう。それも毎日毎日です。お小遣いの大半を洋服やおしゃれに注ぎ込むことはできないでしょう。女の子は、そういう事に関して一途です。女の子は、あなたの何十倍も「いい恋愛がしたい」という気持ちが強いのです。女の子の理想は、なるべく多くの男性から求愛されるような魅力的な女性になって、自分の理想とするパートナーを選んで、結ばれることです。

中には、脇道にそれてしまって、一時のメイクラブの快楽を求めて、男性を渡り歩く女の子もいますが、そういう子は、どこかイライラしていて、けっして幸せそうには見えません。それは、本来女の子が望む生活ではないからです。

そんな女の子の視点から見ると、男という生き物は、ひどく不真面目で不埒に映るものです。「あの子とデートできたら楽しいだろうなあ」みたいな男性としては、至極当たり前の願望でも、女の子から見るととっても軽～いものに映る場合もあります。ちょっと付き合ってみたい、ちょっと触ってみたい、その程度の気持ちで、迂闊にちょっかいをかけると、逆襲されることもしょっちゅうです。よく中年のおじさんが、女の子に嫌われるパターンです。中年のおじさんは、不真面目に、ちょっかいを出しがちです。心がないくせに、半分面白がって、女の子と接触しようとして、怒られるのです。女の子は、そんなオフザケに付き合っている暇はないのです。

若い男子に対してもそうです。ガードの固さは、女の子によって個人差がありますが、たいていの女の子は、「男は不真面目」と決めてかかってきます。「ただ触りたいだけなんでしょ」「ただエッチしたいだけなんでしょ」そういうスタンスです。いくらそうじゃないと、アピールしても、なかなか信じてもらえません。また、そうじゃないと胸を張って言いきれる男子は少ないんじゃないかと思います。下心っていう奴ですね。男とは、そういうものです。女の子たちの偏見は、あながち偏見ばかりだとは言えません。ある意味、女の子たちの決めつけは正しい面もあります。男は、女の子に較べると、恋愛に関して不真面目なんです。しょうがないじゃないですか。それは、素直に認めるしかありません。恋愛に対する人生観が違うんですから。

男子は基本不真面目なんだけど、自分はその中でもいくらかマシなんです、と女の子にわかってもらえる努力をする方が賢明というものです。

男子の中には「自分は不真面目で不埒で～す。でも、こんな僕と遊ぶと楽しいですよ」と開き直ってしまう奴もいます。この方がむしろ女の子の受けがいい場合もあります。女の子は、基本恋愛についてはド真面目なんですが、いつもいつも真剣では、少々疲れてしまう時もあります。そんな子は、「男の気楽な感じ」に惹かれてしまう場合があるのです。「あいつ、遊び人なんだけど面白い」みたいなスタンスです。

でもこれは、なかなか高度なテクニックです。外見、容姿も、それが似合っているることが必要です。ですから「らしくない」キャラクターの人が、このアプローチ方法を取ることは得策ではありません。

いずれにしても、そんな遊び人キャラの男は、自分に嘘がない点で、女の子には受け入れられるのです。

嘘が一番いけません。女の子は、男に嘘をつかれて騙されるのが一番嫌いなのです。許せないのです。そして、男に嘘をつかれているのではないか、といつも疑ってかかってきます。エッチだけが目的のクセに、僕は真剣です。まじめです。という奴が一番警戒されるのです。「でも、男としては、その子の身体に触りたいし、エッチもしたいです。そういう場合、その子に近づいちゃいけないんですか？」という抗議の声が聞こえます。「それとも『エッチをしたいんです』と素直に言うべきなんですか？　そんなの無理ですよう」

確かに、そんなの無理ですよね。それにそんなことは、たいていダメです。物事には順序というものがありますからね。そういう場合、どうしたらいいのか。ヒロ

Nの提案はこうです。

女の子は、最初から、男は遊びたいだけ。と決めつけてかかってきます。確かにそういう面もある。それは、潔く認めてしまって構いません。ただ、それだけではない。君の本質に関心があるのだ、ということを彼女にわかってもらうのです。具体的には、真剣にまじめに話を聞いてあげる、同じ価値観を共有しようと、努力してみせる、ということです。外見や容姿だけでなく、本当に、その子のことを好きなのでしょうか？ 好きだとすれば、どんな点が好きなのでしょうか？ 自分自身よく考えることも大事です。本当は、その子のことをそんなに好きではないかもしれない。浮ついた気分だけで近づこうとしているだけかもしれない。女の子は、そういうことを敏感に感じ取るものです。

女の子のそういう警戒心を解くようになるまでには、本当に大変です。お喋り、お喋り、お喋り。女の子が、あなたの本心を探ろうと、罠を仕掛けてくる場合もあります。そういうことに、いちいち真剣に付き合ってあげなければなりません。そういうことを苦にしない男子もいますが、そういうことが苦手な男子も多い。でも、それに付き合って行かなければなりません。ある意味、ホストにでもなったつもりで、女の子に、正面から向き合ってあげなければなりません。大変です。でも、それが、女の子と付き合うということなんですよ。

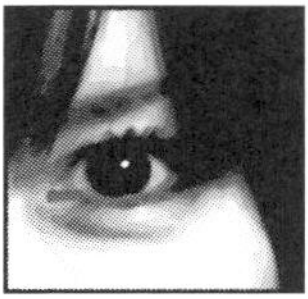

# 女の子の取扱い説明書　その17

## アッシー、メッシー、ミツグ君になってはいけない

「○○ちゃんが僕の彼女になってくれるなんて最初から考えてません。でも彼女のそばにいたいから、これでいいんです。」「見返りは求めていません。ただ彼女の喜ぶ顔が見たいんです」「ねだられたから買ってあげただけ。それは男の甲斐性でしょう。」

女の子にひたすら尽くす男が、世の中にはいっぱいいます。どんな時でも、真夜中に突然でも、電話一本で車で駆けつける「アッシー君」。すごく高級で豪華な食事をおごってあげる「メッシー君」。バカみたいに高価なブランド品などを買い与えてあげる「ミツグ君」。彼らは、一様に、女の子に対して、見返りを求めないポーズを取ります。彼女が喜ぶ顔がみたいだけ、などと言います。

一体なんなのでしょう。ヒロNはちょっと言いたい。そんなことはロクなもんじゃありません。そんな男にカシヅカレテ喜んでいる女も堕落しているし、たいていはイヤな女です。

そんな男は、たいてい、給料のいい会社に勤めているか、親が金持ちだったりして、ふところに余裕があるから、そういうことができるのでしょう。自分が女の子を甘やかすことができる器量がある人間だとアピールしたいのでしょうか？　ヒロNには、全く意味がわかりません。それほどはリッチでなくても、自分によっぽど自信がないのか、やたらに女の子に卑屈になる男子もよく見かけます。「〇〇ちゃんのそばにいたいだけ」「僕なんか彼氏になるのは無理だけど、〇〇ちゃんをいつも応援しています」その人の人生だから、どう振舞おうが勝手ですが、純粋にファン心理で応援しているならともかく、ガールフレンドもいないのに、最初からそんなアプローチしか出来ない男は、はっきり言ってキモいです。キモいと感じるのは、ヒロNだけではありません。女の子本人もそう思っているものです。女の子は、基本自分にとっての理想のパートナーを探して生きている生き物ですから、最初っから「彼氏になれない」「彼氏にならない」とあきらめているような男につきまとわれるのは迷惑なのです。ただ便利だから、ただ欲しいものを買ってくれるから、まあ近くに置いてやってもいいや、と思っている女の子もいるようですが、内心は、ちょっと気味悪がっている。買ってもらった高価なブランド品だって、さっさと質屋に持って行って、お金に換えてますよ。それは、単純にお金が欲しいということもありますが、身の回りに置いておくことが気持ち悪いからです。

ヒロNは、この際言いたい。「アッシー」「メッシー」「ミツグ君」。そんなことは、すぐにやめた方がいい。その女の子が好きなら、正直に、素直に「付き合いたい」と言った方がいい。ふられたなら、潔く身を引きなさい。ふられても彼女と縁を切りたくないのなら、ただの対等な友達として接しなさい。女の子に意味もなく、かしづくようなことは、本当にやめた方がいい。

自分では、彼女と、どう考えても釣り合わない。勇気が出なくて告白できない。そんな自信のなさが、そういう行動を取らせてしまうんでしょうが、世の中、傍目から見て、どう見ても釣り合わないカップルなんていっぱいいるものです。もし、彼女が、あなたのカノジョになるのにふさわしい、素敵な女の子ならば、あなたが真剣に勇気を出して言った言葉を笑うようなことはしないでしょう。結果は、どうあれ、彼女だって、真剣に受けとめてくれる筈です。つまらない回り道はやめて、彼女にぶつかってみてください。少なくとも、ヒロNは、そんな人を応援したいと思います。

# 女の子の取扱い説明書　その18

## 女の子が、怒り出すのには理由がある

確かに、女の子には、気分の波があると思います。それは、女の子の月の周期と関係している場合もあります。もちろん男には、そういうものがありませんから、それがどんなに不快なものかはわかりません。また、それは、個人差もあるようです。そんな背景があるので、女の子は、基本的に、気まぐれで、感情の起伏が激しい、と思われがちです。古～い言葉ですが、「女心と秋の空」なんて言葉があるくらいです。変わりやすいものの例えです。

しかし、ヒロNは、多くの女の子達を見てきて、必ずしも、そういうふうに片付けてしまってはいけないんじゃないか、思えてくるようになりました。生理があるから、女の子は、そう見られがちなのですが、女の子が怒り出す場合、いつも気まぐれで怒っている訳ではありません。いや、それよりか、ちゃんと理由があって、怒っている場合の方が圧倒的に多いのです。

ただ、女の子が、なぜ、怒るのか、その理由が、男子には、わかりにくい。理解しがたい。だから、男子は、女の子が気まぐれで怒っている、と勘違いしてしまうのです。

人が、怒り出す時というのは、どんな時でしょうか?それは、物事が自分の思いどおりに運ばなかった時、相手がして欲しいことをしてくれなかった時、もしくは、自分がしてほしくないことを、相手がしでかした時などです。これは、男も女も同じです。しかし、男の場合は、割りと単刀直入ですから、やって欲しくないことを相手に言う場合は、ストレートに言います。「お前、フザケンナヨ。やめろよ」みたいな感じです。しかし、女の子の場合は、特に男性に対して、こうして欲しい、欲しくない、ということをストレートには言いません。

ある時、ヒロNが、ある女の子と食事をすることになって、どんなレストランに行きたいかを訊ねたことがありました。「どこでもいいです」彼女は答えました。そこで、渋谷のスペイン料理屋に連れて行くことにしましたが、道々彼女は、しきりと水族館に行った時の話をするのです。後で訊いたら、本当は、海の夜景の見えるお台場あたりのレストランに行きたかったとのこと。遠まわし過ぎて、その時のヒロNには、わかりませんでした。お台場に行きたいのなら、素直に、お台場に行きたい、と言えばいいのに、女の子は、得てして、そういう遠まわしな言い方をして、相手の男が気がつかないと、イライラし、怒り出したりするのです。これは、まだ、分かりやすい方だったかもしれません。もっと微妙な場合もあります。彼女が「いいよ」と返事しても、その態度や一瞬の目つきで、彼女がその案を気に入っていないことを察してあげたりしなくてはいけない場合もあるのです。わあ、面倒くさいなあ、とたいていの男子は思います。特に、女の子と付き合った経験の乏しい男子は、訳がわからなくなります。

女同士では、そんな腹の探り合いはしょっちゅうです。「ううん、いいの、私は」「え、でも」「全く問題ないからさ、行きたかったの、私も。だから行こ。」「えええ、でも。」「行こ、行こ。」「やっぱり他にしようよ。そうだ、□□は？ ○○子、行きたがってじゃない」「でもう、△美は？」「私も行きた～い」「だって、悪いよ、それじゃあ」なんて会話を、女の子たちは、日常的に、延々と繰り返しています。女の子たちは、絶対平和主義者ですから、自分が我を通して、相手に不満が残るような事態になるのは、絶対に避けたいのです。だから、素直に、こうしたい、こうして欲しくない、という主張をしないのです。それでも、女の子だって、エゴもあり、本心もあります。だから、遠まわしに、遠まわしに、自分はこうして欲しいのだ、というサインを出してきます。女の子同士なら、そういう遠まわしセンサーが、敏感に働くので問題はないのですが、男子の場合は、それが鈍感なので、うまく察してもらえません。そして、女の子は、ふくれっ面になっていくのです。かく言うヒロNも、いまだに、よく女の子を怒らせてしまいます。後で考えると、ああ、あの時、ああ言っていたな。あれがサインだったのか、と気づかされることがあります。

また、仮に、女の子の遠まわしなリクエストに気づいたとしても、それにあからさまに反応してはいけません。「なになに、君は、海の見えるレストランに行きたいの?それじゃあ、そっちに変更しよう!」男子にとっては、なんでもないことでも、女の子にとって、それが不愉快な場合があるのです。自分の意見をとおして、行き先を変更させた、ということで、自分がわがままな女だと思われたんじゃないか、と気になったりします。

ただしくは、「え〜と、スペイン料理屋もいいけど、君の話を聞いていたら、海の見えるレストランにいきたくなっちゃったな。予定変更してもいい?」

彼女は、きっと笑顔でうなづく筈です。面倒くさいでしょ。でも、女の子を取り扱うというのは、そういうことなんですよ。

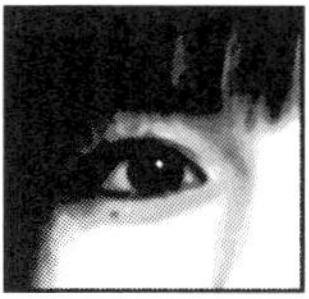

# 女の子の取扱い説明書　その19

## 女の子は、男子の趣味に全く興味がない

恋愛初心者の人が陥りがちなあやまちは、女の子に、自分の趣味や好きなことをわかってもらおうと、一生懸命アピールしてしまうことです。女の子にも、様々な性格の子がいますので、一概に全てそうだとは言えませんが、いろいろな女の子を観察していると、多くの場合、その努力は徒労に終わってしまいます。それどころか、逆効果です。まず、女の子は、男子の趣味に興味を持ちません。それどころか、反感さえ持つことが多いのです。特に、女の子にモテない人の趣味は、十中八九女の子には受けません。なぜなのでしょう。それは、男子の趣味の多くは「物由来」なのに対し、女の子の趣味は「人由来」だからです。ヒロNの友人で、ヤクルトスワローズファンの男がいたのですが、球場通いをしているうちに、一人のガールフレンドができました。珍しく趣味が合った例です。しかし、二人に会って話をしてみると、野球好きは好きでも、二人のポイントが全然違うことに気がつきました。男の方は、チームの成績、作戦などに興味があり、スコアブックをつけたり、熱心に安打数などの統計をつけるのが習慣になっています。女の子の方は、ひいきのイケメン選手を応援していて、それ以外に関心がないのです。それどころか、そのイケメン選手の成績にも、ほとんど興味がなく、ユニフォーム姿や仕草一つ一つにキャアキャア言っている感じでした。つまり、同じ野球の同じチームのファンでも、男の方は「物由来」で、女の方は「人由来」なのです。

また、別の知人で、プラモデルのジオラマ作りの名人がいます。この男は、五年前に結婚したのですが、とにかく、奥さんが、彼の趣味を全く理解してくれないのに困っていました。その道では有名な彼ですが、奥さんは、彼が、自分の狭い仕事部屋に何時間もこもって作り上げた労作に、何の価値も認めず、ちょっと油断すると、粗大ゴミとして捨ててしまいかねない勢いでした。夫婦仲が悪い訳ではなかったのですが、奥さんには、彼の作る35分の1のアルデンヌの戦いやバルジ大作戦の世界に価値があるとは全く考えられなかったのです。「ただね、あることで、認めてもらえるようになったんだよ。」彼は、ある日、そうヒロNに打ち明けてくれました。訊くと、彼の労作が、モデラーの世界的コンクールで入賞し、ヨーロッパの受賞パーティーに夫婦で招待されたのがきっかけでした。彼は、そのパーティーで華々しく表彰され、パーティーは、大いに盛り上ったものでした。奥さんは、そのパーティーがよっぽど楽しかったのでしょう。相変わらず、彼の作品に対しては、興味も理解も全くなかったのですが、そのパーティーに日本から同行した他の受賞者の奥さんたちと交流するようになり、少なくとも彼の作業の邪魔だけはしなくなりました。だんなの方は、プラモデルそのものに夢中になる「物由来」なのですが、奥さんの方は、パーティーや人との交流に関心を持つ「人由来」なのです。

女の子は、基本「物」に興味を持ちません。女の子の好きな「物」でアクセサリーや手芸品などがありますが、これも女の子は「物」に興味があるのではなく、自分がそれを身につけたり、好きな人に身につけてもらったりすることで満足する「人由来」の趣味と言えます。男にも「人由来」の趣味を持つ人はいますが、女の子の方が「物由来」の趣味を持つことは、まずありません。ヒロNは見たことがない。車好きの男は結構世の中に多いのですが、同じ車好きでも、女の子の場合は、自分がドライブすることや車に乗って旅行することが好きな人が多く、乗っている車の性能やメカには関心がありません。中には、自分が乗っている車の名前すら知らない子もいるくらいです。

女の子の会話を聞いていると、大体が人の噂です。友人同士の共通の知り合いの話や、それに飽きると、芸能人の話やなにか、お互いに語り合える人物がいると、話はどんどん盛り上ってきます。人に関係のない話には、まず乗ってきません。車好きの男が、延々とフェラーリのエンジンが、なぜスゴイのか、という話をしても全然ダメなのです。ジオン軍の装備の問題点について分析してもダメなのです。(登場人物のかっこよさの話をすれば、女の子によっては乗ってくるかもしれませんが)とにかく、女の子との会話は「人由来」。それに徹することです。人の話から離れてはいけません。あなたの趣味が「物由来」なら、女の子とわかり合うことは諦めた方が賢明です。別に、男の同好の士を見つけて、その中で思いっきり語り合ってください。その分野で、女の子とわかり合うことは不可能です。

# 女の子の取扱い説明書　その20

## 女の子は、華やかなことに憧れる

ウチの店でも、タレント活動をしている女の子がいました。タレント活動とは、ライブイベントに参加したり、ＣＤ発売を目指す活動です。店側としても、ライブイベントなどに、ウチの女の子たちが参加してくれることで、お店の宣伝になります。ウチの店は中野にありましたが、秋葉原あたりのライブイベントに登場すれば、秋葉原から、お客さんが来て下さるきっかけにもなりますので、店側としても、彼女達の活動を積極的に応援していたわけです。

店内でも店外でも、たびたびライブイベントを開催しましたが、それらは結構楽しいものでした。出演する女の子たちは、メいっぱいオシャレをし、歌や踊りの練習をし、一生懸命ステージを勤めていました。

ウチの店には最大時で25名ほどの女の子がメイドスタッフとして働いていましたが、タレント活動をしていたのはその中で10名ほどでした。残りの子は、タレント活動をしていませんでしたが、彼女たちも、全くタレント活動に興味がない訳ではなく、その多くが、自分に自信がない、大勢の前に自分を晒す勇気が出ない。というような理由で、本心、内心は、出たい、やってみたい、という感じの子も多かったと思います。

女の子にとって、美しく着飾って、スポットライトを浴び、大勢の人の前で、自分をアピールする、ということは、この上もない快感なのです。それは、女の子が真剣にモテたい。多くの男性から注目され、よりよいパートナーと結ばれたい、という本能というか、女の子としての宿命を背負っているからゆえでしょう。

勇気のある子、自分に自信がある子は、実際にトライしますが、勇気のない子だって、内心は、そんなことをやってみたいと思っているのです。

ウチの店にも、たびたびテレビ局などの取材が入ることがありました。ある時、取材が急遽決まって、その日出勤予定の女の子に連絡ができなかったことがありました。その時の女の子たちの激怒はすさまじいものがありました。テレビが入るなら入るで、美容院に行ってメいっぱいおシャレをして来たのに、ドーシテクレルンデスカ!的に物凄く怒られました。女の子にとって、自分をアピールする絶好のチャンスなのに、無神経に扱われた、ということがアタマにきたのでしょう。あの時はモーシワケアリマセンデシタ。

女の子は、華やかな場所が大好きです。自分がスポットライトを浴びる訳ではなくても、他の女の子が注目されている姿を見て、ときめいたりするのです。

私は、そういうのには出たくない。私は引っ込み思案だから。とかいう女の子もよく見かけますが、たいてい、それは本心ではありません。女の子は心の中では、なるべく多くの人に注目してもらって、自分を好きになってもらいたいのです。逆に、尻ごみする子ほど、そういう意識が強過ぎるのではないだろうか、とヒロNは思っています。「ヒロNさんだから言いますけど、私も、そういうイベントには本当は出たいんです。でも、今は、ダメです。あと3キロ痩せないと人前には出られません」そう正直に、自分の気持ちを告白した女の子もいました。人前に出たくないという女の子のほとんどはそれに近い心境なのです。本当は、ものすごく出たいのに、その気持ちが強過ぎるので、かえって、自分の劣等感みたいなものが働いてしまうのです。

女の子をどこかに誘うのなら、華やかなところ、誰かがスポットライトを浴びているようなところに連れていってあげましょう。いつもいつもひと気のないところ、しみじみとするところ、趣が深いというようなところばかりではダメです。

# コラム

## 男と女、どっちが見栄っ張りか？

男と女、どちらが見栄っ張りか？

ヒロNは圧倒的に男のほうが見栄っ張りだと思います。「女の方が、ブランド品や高価なアクセサリーで着飾りたがったり、と見栄っ張りなんじゃないですか？」という反論もあるでしょう。でも、女が、着飾ったり、高価なアクセサリーを欲しがったりするのは、あくまでも自分を美しく、魅力的に見せたいという演出の1つであって、見栄を張る、ということとは、ちょっと違う感じがします。お金持ちの年輩女性などに、その傾向が強いのは、加齢によって、衰えた容色をなんとかして補完したいからなのです。若くて、完璧に美しい女性なら、化粧もアクセサリーも不必要でしょう。でも、女性は皆、自分に自信がないから、コンプレックスがあるから着飾りたがるのです。

では、男性の場合はどうでしょう。観察していると、男は、いろいろな場面で見栄を張りたがるのですが、一番わかりやすいのは、夜のクラブ活動の場です。ヒロNは、随分昔に夜のクラブ活動をやめてしまったのですが、離れてみると、よく見えてくることがある。「夜のクラブとは、お酒を呑む、女を口説くことが主目的の場所ではない、男に見栄を張らせるために存在する場なのだ。」と。

客に、いかに、気持ちよく見栄を張らせてくれるのか、クラブのよしあしはそこで決まります。いいクラブは、客に見栄を張らせるために、あらゆる努力を惜しみません。女の子を口説くためにクラブ通いをする男なんて、本当は少ない。エッチをしたいだけなら、もっと別の場所に行った方が手っ取り早いのです。男は、見栄を張るためにクラブに行くのです。「俺の行き付けの店があってね。そこに行こう」男は、そう言いたいがため、せっせとクラブに通います。「あら、○○さん、いらっしゃいませ。来ていただいてうれしいわ。」美人のママにそう言われたい。そう言われている自分を人に見せたいのです。こんな美人のママに、名前を覚えられているんだ。すごく大事に思われているんだ、そういう人物なんだ、俺は。とアピールしたいんです。このクラブはメチャ高いんだけど、俺は平気なんだ。それだけの大物なんだ、俺は。と誇りたいんです。「常務、スゴイお店をご存知なんですね。敷居が高くて、僕なんか、とても来れませんよ。」と相手はぺこぺこします。

「まあ、俺の茶の間替りなんだから、寛いでくれよ。」（俺のおかげなんだぞ）男は見栄を満足できて、すごくすごく快感なのです。お店のほうも心得ていて、パロディーにならない程度に、男をヨイショしまくります。

男の社会は、基本サル山のサルみたいなもんです。階級、序列が決まっているので、自分より序列が上の人間（サル）には、ペコペコしなければなりません。分け前も沢山持っていかれてしまいます。その替わり、序列が下の人間に対しては、思いっきりイバリたいのです。つまり、基本見栄の張り合いです。男は見栄の塊の中で行きていかなければならないのです。

クラブでの○○常務の話に戻りましょう。

常務の見栄張りの最高の瞬間というのは、その帰り際です。ひととおり呑み終わり、女の子もからかい飽きると、常務は、ひざを叩いて立ちあがります。「さて、帰るぞ。」「あら、もうお帰りになっちゃうの？さびしいわあ」ママがちょっと鼻にかけた声で、小芝居をします。「おう、もう帰るわ。また、来るよ」常務は、そう言って、右手をポケットに入れ、左手を上げてカッコよく決めて立ち去ります。連れの男もあわてて後につきます。「じゃあな」そう言って常務は後も見ずに扉をボーイに開けさせて、外に出ます。「常務、お会計は？」連れの男がおずおずと言います。「いいんだよ」ここです。この瞬間が、常務にとってのまさに晴れの舞台なのです。この瞬間のために、彼は、胃を痛めながら、毎日生き抜いているようなものなのです。（俺は、会社でも、最重要人物だから、こんな高い店でも自分で金を払わずに、会社につけ回せるんだ。文句なんて言わせないんだ。スゴイだろ。）というようなことを彼はアピールしたいんです。お店もその辺のことは心得ていて伝票を持ってくるような野暮はやりません。この手の店では、その場でお勘定をしないお客が一番カッコイイのです。夜のクラブ活動の世界では、大会社の社長や重役が一番偉いので、いくらお金を持っていても、自営業みたいな人は格下です。現金でもクレジットカードでも、その場でお会計する奴は大したことはないのです。なぜだか知りませんが、そういうことになっているようです。

　そうじゃない奴は、持ち物でリカバリーしようとします。スーツ、時計、靴、鞄、シャツ、ベルト、男の身につけるものは、皆見栄を張るための道具です。いかに、そこで見栄を張れるかが勝負です。やれやれ。

一方、女の場合はどうでしょう。男のクラブ活動に対して、女はホストクラブ通いという夜間活動があります。ここでも、一部の女性は、派手にお金を使ったりしますが、女の場合は、男の見栄とはちょっと違うニュアンスです。男は、自分自身の魅力というより、自分の地位や、権力や、財力をヨイショしてもらって喜んでいるのですが、女は、基本、自分自身、そのものに関心を持ってもらったり、好きになってもらわなければ満足出来ません。女の場合、いくらお金を持っていても、それを自分の価値だとは認めてもらえないのです。それでも、女は、なんとか男性に関心を持ってもらおうとお金を使います。それがむなしい行為だとは、半分わかっているのですが、実際に、自分がお金を使って、高いシャンパンを買ってあげたり、高価なプレゼントをすると、男（ホスト）が喜んでくれるので、なんとなく、その先、自分を本当に好きになってくれるのではないか、と期待を抱いて、お金を使いつづけるのです。

ちょっとかわいそうですね。

というように、ヒロNは、結論として、男のほうが、圧倒的に見栄っ張りだという結論に達したのです。

でも、つくづく、人間って面白くて、滑稽だなあ。とヒロNは思ってしまいます。

そうは思いませんか？

# 女の子の取扱い説明書　その21

## 基本、選ぶのは女の子の方。ということ

女の子は、男子より、恋愛に対してまじめで、真剣です。それだけに、失恋した時の痛手もモノスゴク深いのです。だから、女の子の方から告白することはめったにありません。最近は、女の子の方も積極的になって、モーションをかけてくる子もいるにはいるのですが、数的にいうと、圧倒的に少ない。ラブコメアニメのように、ベタに男の子を好きになる、わかりやすい子なんていないのです。あれは、男の願望ですな。あんなわかりやすい子ばかりだったら、世の中苦労はありませんです。

女の子が、男子を好きになって、モーションをかけてくる場合、あんなにわかりやすい表現はしないものです。女の子は、気のないフリをして、本当に男にはわからない感じで、男子をその気にさせて、男子の方から告白させるように持っていくのです。その手段は、よくここまで考えるよなあ、というふうに実に巧妙です。簡単にシッポはつかませません。恋愛に対するIQは、女の子は、生まれながらに天才級で、男は低能級です。女の子は、基本、自分から、告白して、フラれて、深刻なダメージを食らいたくないのです。

実際、うまくいったカップルを見ても、よく話を聞いてみると、一見、男子の方が求愛して女の子のほうが、受け容れたみたいに見えて、その実、男子の方が、うま〜く誘導されている例がほとんどです。最初にこの男。と決めているのは、女の子の方に思えてなりません。

また、仮に、女の子の方からモーションをかけても、男子の方がうまく噛み合わないと、最初からなかったことになったりします。女の子に追いかけられていたつもりが、いつのまにか自分が追いかけている形になっているような例もよく見ます。「あれ?気があったのは、お前さんの方じゃなかったの?」傍から見ていて、そう突っ込みを入れたくなるような立ち回りをする子は数え切れないくらいいます。

とにかく、女の子は、その辺の呼吸というか、駆け引きが、実にうまい。その上を行くのは、特に恋愛経験の少ない、真面目な男子には、到底無理な芸当です。そういう面で、女の子に対して、優位に立とうという野望は捨てた方がいい。男は振り回されてナンボだ。くらいの開き直りで望んだ方がうまく行きますね。一番最悪な例は、自分で気づかないうちに、ストーカーになってしまうこと。最初にモーシヨンをかけてきたのはアイツの方だから、今は冷たくされても、本当はゼッタイ気がある筈だ。そう思い込んで、追いかけてしまうようなケースです。最初っから、男の方の思い込みである場合も多いのですが、話をよくよく聞いてみると、男のほうの勘違いだ、とばかり言えないこともままあるのです。でも、もし、そうだったとしても、女の子の方に拒否られたら、いつまでも深追いしてはいけません。とにかく、恋愛の決定権は、あくまでも女の子の方にあるのだ、ということは肝に銘じておくべきです。そして、もう一つ、付け加えるなら、女の子の決断は、実に早い。切られる時は、あっという間に切られます。蕎麦をすする音が気に入らなかったから、婚約破棄された精神科医がいましたね。人の心を扱うプロでさえ、訳のわからないうちに切られる、まさに秒殺でした。

そのスピードは、男子の想像をはるかに超えるのです。

フラれたら、首をすくめて、また、別の出会いを探しましょう。もし、その女の子と縁があれば、一旦引いても、また、その子は近づいてくる筈です。もしダメなら、最初から、その子にはその気がなかったのです。その時は、あきらめて、別の女の子を探しましょう。きっと、そのうち、あなたにお似合いの女の子に巡り合えますよ。

# 女の子の取扱い説明書　その22

失恋を、過度に怖れてはいけない

「女なんか星の数ほどいるさ。気にすんなよ。」「ほっといてくれ、あんたに、僕の気持ちなんか、わからないよ」なんだか、ベタな青春ドラマのワンシーンみたいですが、ヒロNは、全くその通りだと思います。

世の中の恋愛ベタな男子には、たいてい1つの共通項があります。恋愛ベタな男子は、失恋を過度に怖がってしまうのです。男にとっても、女にとっても、求愛した相手に拒否されるのは、大変な苦痛です。なにか、自分の存在を全否定されたような気分に陥るし、求愛した分、一層自分がみじめになったりします。あんなふうに恥をかかせなくても、もっと優しい断り方があるじゃないか、と相手を恨む気分が芽生えたり、それがまた、自己嫌悪の種になったりします。そういうことが怖くて、好きな人が出来ても、求愛できない人が結構います。フラれて気まずくなる、縁が切れる、くらいなら、いっそ告白しないで置こう。そんなふうに挫けてしまう。

一方、恋愛上手な人は、フラれることにタフです。モテる人は、実は、沢山フラれているものです。もちろん、彼らだって、フラれることは苦痛なのでしょうが、恋愛ベタな人のように、いつまでも、それを引きずりません。十回フラれても十一回目にうまくいけばいい、くらいに開き直っています。それこそ、女の子なんか、星の数ほどいるのです。日本の総人口は約1億2千万人。約半数が女性だとすれば、約6千万人。その中で適齢期の女性は一千万人くらいいるでしょう。その中で、たまたま出会った一人の女の子が、あなたに最もふさわしい人である、と決めつける方がおかしいでしょう。その子はベストワンじゃありません。その子じゃなければいけない理由なんて一つもないのです。だから、仮に、その女の子にフラれたとしても「僕の魅力がわからない奴だ。ばかだなあ。」くらいに考えて、さっさと忘れてしまうことです。フラれることを過度に怖れなければ、女の子たちに対しても、もっと積極的になれる筈です。結果、より多くの女の子と出会う機会に恵まれることになりますから、恋愛がうまくいくチャンスも増えるということになります。（フラれることも多くなりますが、ドンマイです）だって、「女の子は、星の数ほどいるんですから」ね、気楽に行きましょう。

# 女の子の取扱い説明書　その23

## 女の子は、男子に真面目と不真面目の両方を求めたがる

前に、女の子は、恋愛に対して、ものすごく真剣である。と書きました。そして、女の子たちは、男子のことを不真面目だと決めつけているとも。では、女の子は、真面目な男子が好きなのか。というと、そうとも言いきれない。というのが、この章のお話です。

男子にいろいろなタイプがあるように、女の子にもいろいろな好みがありますから、単純には決めつけられないのですが、概して、女の子は、真面目一方の男子には、あまり惹かれません。そのくせ、自分に対しては、真面目に恋愛することを求めたりします。矛盾していますよね。矛盾しているのです。そこが女の子の不思議で、面白いところです。真面目に恋愛してほしいのであれば、真面目な男子を選べばいいのに、得てして、選んだ男子は、不埒な奴だったりします。なぜか？きっとそれは、女の子が男子に、自分にないものを求めるからなのでしょう。女の子は恋愛に対して、ド真面目なので、ちょっと息苦しくもなったりするのだと思います。また、女の子は、生まれながらの資質（特に容姿）に運命を縛られて、生きて行かなければならないことが多いので、後天的に、自分の努力や才覚で、自分の人生を切り開いて行ける男子に憧れるという面があります。その点でいうと、真面目な男子というのは、手堅い分、化ける可能性が低い感じです。つまり、一足す一は二みたいなコツコツ型は、先が見えてしまうものなのです。その点、世の中の枠から外れているような男は、本当は、本当にダメ野郎なのかもしれないが、もしかすると、化けるかもしれない。可能性があるかもしれない。とにかく、世間に縛られてばかりいる自分を解放してくれるかもしれない。女の子は、理屈でそういうふうに考える訳ではありませんが、直感的に、そんなようなことを感じるようです。自分が安定志向だからこそ、男子には、そうじゃないことを求めてしまう。全く矛盾していますが、本当のことです。

つまるところ、女の子は、現状に縛られ、従順に生きることを強いられているので、そういう現状をぶち壊すことができる（かもしれない）男子の持つエネルギー、バイタリティというものに憧れを持つのかもしれません。

現状維持、クビを引っ込めて災難にあわないように慎重に生きていくタイプの男子でも、自分が、こうと思ったら世の中に楯突いても、自分の主張を通すような男らしさを見せることも、たまには必要です。

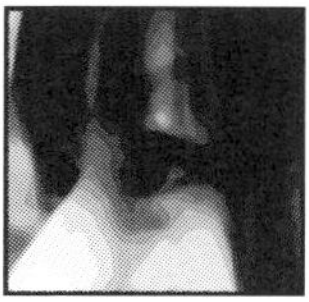

# さいごに

## ■さいごに

以上、いろいろと書いてきましたが、冒頭でも述べたとおり、女の子たちは、当然ひとくくりにはできませんから、ここに書いていることは、基礎の基礎だと思っていただきたい。ポイントは、女の子をただ表面的にだけ見ないで、一人の人間として、よく見ること。理解してあげること。です。だから、この取扱い説明書が、そのまま当てはまらないケースもあるし、実際には、もっともっと、いろいろなことが起きるでしょう。だから恋愛って面白いのです。

この取扱い説明書全体を読んでいただければ、おわかりいただけると思うのですが、ヒロNは「モテる男子」より「モテない男子」の方が好きなのです。

本文中でも触れたとおり、女の子の男の見方は、実に浅いし、偏っているし、間違いだらけなのです。そんな中でモテたって、本当は、何の自慢にもならない筈なんですが、モテる男というのは、それだけで、なんかちょっと偉そうです。

それに、長々説明してきておわかりいただけると思うんですが、女の子という生き物は、男子にとっては、あまり友達にはしたくないタイプの生き物なんです。人を外見でしか判断しないし、自分自身も外見ばかり気にするし、冗談は通じないし、趣味は合わないし、嘘ばかりつくし、きちんと本音を言わないし。そんな奴が、もし男の友達だったら、ぶっ飛ばしたくなるようなイヤな奴かもしれません。

でも女の子という生き物は、男子ではないのですね、当り前ですが、そこがミソなのです。そんな女の子を可愛いと思い、愛してしまうのが、男という生き物なんです。男が、女の子を愛したい、と思っている以上に、女の子は、男から愛されたい、と心の中では思っているのです。そんな女の子の本心をわかってあげて、可愛いなあ、と思ってあげることが、女の子と付き合う、本当の基本です。

女の子をうまく取り扱うのは、男子にとって、実に面倒なことなのです。また、場合によっては、自分を殺して、女の子に合わせてあげなくてはいけないことも多い。

そんなことはしたくない。自分は自分の道を行きたい、という男子は、それはそれで、なかなか立派。好感が持てると、ヒロNなどは、つい、そう思ってしまいがちです。しかしながら、男子として生まれた以上、女の子との付き合いのない生活というのは、やはり味気なく、寂しいものです。また、世の中には、カップルだからこそ行ける場所、味わえる体験というものもあるのです。そういうことを知らないで過ごすのも、実に寂しいことです。

女の子の取扱いは、慣れない男子には、非常に面倒くさく感じてしまうかもしれません。しくじってしまうことも多々あるでしょう。でも、慣れてしまえば、どうってことはありません。実際には実践しなくても、そういうことをちょっと知っている、ということだけでも、心にゆとりが生まれます。

ただし、何度も言いますが、女の子は、それぞれ一個の人格であり、価値観や人生観も違います、恋愛シミュレーションゲームのキャラクターとは違うのです。けっして、マニュアル通りに行くと思ってはいけません。女の子をよく観てください。理解してあげてください。女の子が、なぜ一生懸命オシャレをするのか、なぜあんなにお喋りなのか、待ち合わせの時間に遅れてくるのはなぜか？急に怒りだすのはなぜなのか？女の子にはちゃんと理由があるのです。それを理解してあげられるようになった時、あなたは、女の子たちにとって、付き合いたくなる価値のある魅力的な男子になっていることでしょう。

まあ、そんな堅い言い方はしないまでも、きっとガールフレンドの2、3人は、出来ているかもしれませんね。そして、彼女も。

しかし、本当に大変なのは、それからなんですけどね。なにせ、女の子という生き物は、

本当に手ごわい生き物なんですから。

了

左から、たえこさん（店長）
Momo　ヒロN
ヒロNは変なポーズになってます。

□**著者プロフィール**
昭和33年生まれ。建設会社社員、書店販売員などを経て、広告業界に。コピーライター、プランナーなどの仕事をするかたわら、メイド喫茶を経営。**〈主な特徴〉**のんきもの。片付けられない男。お人よし。あまりにお人よしなので事業の経営には向かないなあと思う今日この頃。怠け者。あまりの怠け者ぶりに、我ながら自分はマダオなんじゃないかと、ひそかに怖れている。いばるのもいばられるのも嫌い。**〈好きな食べ物〉**トマトソーススパゲティ（週に4回以上は食べている）**〈好きな言葉〉**気楽、感謝**〈尊敬する人〉**ジェフリー・アーチャー、ジャスパー・マスケリン

---

ＡＳＡＭＩ（チャミ）
現在ティーステップミュージック所属

---

Ｍｏｍｏ（桃羽）
現在
秋葉原メイド喫茶
「ぴなふぉあ」
メイド

---

高瀬きり
現在プロダクション・モバ所属

涼城えみ
現在
プロダクション・シーエムジャパン
所属

掲載の写真は全ておぎメイドの元スタッフの女の子たちが提供してくれたものです。

メイド喫茶《きっさ》元《もと》オーナーが書《か》いた
女《おんな》の子《こ》の取扱《とりあつか》い説明書《せつめいしょ》

2010年3月30日　第1刷発行
2011年6月20日　第2刷発行

著　者　ヒロN
発行者　松村 由貴

発行所　株式会社　無双舎
〒151-0051　東京都渋谷区千駄ヶ谷2-1-9 Barbizon71
電話　03-6438-1856
http://www.musosha.co.jp/

印刷・製本所　中央精版印刷株式会社


Printed in Japan
ISBN978-4-86408-907-4　C0095
検印廃止